Dados Internacionais de Catalogação na Publicação (CIP)
(Câmara Brasileira do Livro, SP, Brasil)

Ribeiro, Jorge Ponciano
  Gestalt-terapia : refazendo um caminho / Jorge Ponciano Ribeiro. – 9. ed. rev. – São Paulo : Summus, 2016. – (Novas buscas em psicoterapia)

  Bibliografia
  ISBN 978-85-323-0524-4

1. Gestalt (Psicologia) 2. Gestalt-terapia 3. Psicoterapia I. Título.

12-00972
CDD-616.89143
NLM-WM 420

Índice para catálogo sistemático:

1. Gestalt : Psicoterapia : Medicina 616.89143

www.summus.com.br

Compre em lugar de fotocopiar.
Cada real que você dá por um livro recompensa seus autores
e os convida a produzir mais sobre o tema;
incentiva seus editores a encomendar, traduzir e publicar
outras obras sobre o assunto;
e paga aos livreiros por estocar e levar até você livros
para a sua informação e o seu entretenimento.
Cada real que você dá pela fotocópia não autorizada de um livro
financia o crime e ajuda a matar a produção intelectual de seu país.

JORGE PONCIANO RIBEIRO

GESTALT-TERAPIA
REFAZENDO UM CAMINHO

summus editorial

GESTALT-TERAPIA – REFAZENDO UM CAMINHO
Copyright © 1985, 2012 by Jorge Ponciano Ribeiro
Direitos desta edição reservados por Summus Editorial

Editora executiva: **Soraia Bini Cury**
Editora assistente: **Salete Del Guerra**
Capa: **Gabrielly Silva**
Imagem da capa: **Ruth Barraclough/flickr**
Projeto gráfico e diagramação: **Casa de Ideias**

4ª reimpressão, 2025

Summus Editorial
Departamento editorial
Rua Itapicuru, 613 – 7º andar
05006-000 – São Paulo – SP
Fone: (11) 3872-3322
http://www.summus.com.br
e-mail: summus@summus.com.br

Atendimento ao consumidor
Summus Editorial
Fone: (11) 3865-9890

Vendas por atacado
Fone: (11) 3873-8638
e-mail: vendas@summus.com.br

Impresso no Brasil

DEDICATÓRIA DA OITAVA EDIÇÃO

Eu dificilmente poderia agradecer a todos aqueles que me ajudaram na construção da abordagem gestáltica e da Gestalt-terapia, no Brasil, por intermédio do meu trabalho e do Instituto de Gestalt-terapia de Brasília (IGTB). São tantos... e a eles, no silêncio profundo de minha alma, uma prece de agradecimento.

Dentre todos aqueles que comigo lançaram as sementes da nossa abordagem pelo Brasil afora, alguns – uns desde a primeira hora – estiveram sempre próximos ao longo dos anos, e não fora a força, o entusiasmo, a competência, a dedicação deles, eu não teria trilhado o caminho que trilhei. Se tenho algum mérito quero dividi-lo, de modo muito especial, com os doutores Adriano Furtado Holanda, Carlene Maria Dias Tenório, Mônica Botelho Alvim; com os mestres Adriana Quintas Fittipaldi, Alexandre Cavalcanti Galvão, Carolina Brum Faria Boaventura, Lílian Cherulli, Miriam May Philippi e Sheila Maria da Rocha Antony; e com as especialistas Larissa Vitória Ferreira Gonçalves, Maria Maura Alves, Maria Verônica Real Martins de Lemos Soares Mônica Xavier de Brito e Nayla Celene Moreira Reis – que, comigo, formam, neste aqui e agora, a equipe de professores do Instituto de Gestalt-terapia de Brasília.

DEDICATÓRIA DA PRIMEIRA EDIÇÃO

*A Ana Maria Loffredo, uma das
incentivadoras dos meus primeiros
passos rumo à Gestalt-terapia*

e

*àqueles que, na comunhão do encontro,
delicado, cansado, sofrido,
me ensinaram, através de sua dor,
a beleza de ser e estar, na vida,
procurando.*

*Na fugacidade dos dias passando,
da meiguice da Ana Cecília,
da peraltice do João Paulo,
do afeto do Alexandre Augusto,
do carinho, lucidez e força de Ziulma,
mãe dos meus filhos,
Vou colhendo disposição e coragem
para, no caminhar do meu vir-a-ser,
ser, aqui e agora, acontecendo.*

AGRADECIMENTOS DA PRIMEIRA EDIÇÃO

A Maureen Miller O'Hara, pela sua amizade e seu apoio ao grupo de Gestalt de Brasília; a Maria Zélia da Silva Rocha Serra, Thales Weber Garcia, Marta Carrijo Brígido, Braulina Nunes de Andrade Romancini, Enila Leite de Freitas Chagas, Elisabeth Pinheiro Dias Leite (Bete), e Thereza Cristina Gayoso, que, com Walter Ribeiro, compartilharam comigo de nossas preocupações na formação de futuros Gestalt-terapeutas e para a criação do Centro de Estudos de Gestalt-terapia de Brasília; e também a Roberto Souza Crema, Sônia Alves Costa, Maria Carmem Burle dos Anjos (Kaia) e Maura de Faria Medeiros Tavares, com os quais formamos a primeira turma de Gestalt-terapeutas de Brasília.

Aos casais Francisco Antônio Maia Cunha e Leila, pela acolhida maravilhosa em sua casa de Campo Grande, MS, e Geraldo Nicola e Alice, pela delicadeza da hospedagem em sua fazenda, proporcionando-me condições de tranquilidade para escrever parte deste livro.

SUMÁRIO

Prefácio à oitava edição 11
Prefácio à primeira edição 15
Apresentação à oitava edição 19
Apresentação à primeira edição 23
1 – A busca do significado 25
2 – Pressupostos filosóficos 39
    Gestalt-terapia e humanismo 41
    Gestalt-terapia e existencialismo 48
    Gestalt-terapia e fenomenologia 63
3 – Teorias de base 97
    Psicologia da Gestalt 97
    • O todo e a parte 104
    • Figura e fundo 108
    • Aqui e agora 115
    • Conceitos descritivos 121
    Teoria de campo de Lewin 140
    Teoria organísmica de Kurt Goldstein 157
4 – Antecedentes pessoais 167
    Psicanálise 168
    Wilhelm Reich 170
    Religiões orientais: taoísmo e zen budismo 182
Posfácio 195
Referências bibliográficas e outras obras importantes 199

PREFÁCIO À OITAVA EDIÇÃO

Apresentar a oitava edição do livro *Gestalt-terapia: refazendo um caminho* é uma grande honra e um grande prazer. Tenho por esse livro um apreço especial, pois foi ali que encontrei, no princípio da minha formação, a Gestalt-terapia, uma proposta de psicoterapia fundada nas bases filosóficas da fenomenologia e do existencialismo, que tanto me haviam encantado logo no início do curso de Psicologia. E então descobri que ali, no antigo Departamento de Psicologia da Universidade de Brasília, onde eu estudava, lecionava o autor do livro, que seria meu eterno mestre, o professor doutor Jorge Ponciano Ribeiro. Com ele, dei a maior parte dos meus passos nos caminhos da Gestalt-terapia. Com ele, segurando um cajado de madeira que me havia dado de presente, aprendi, durante a minha formação, a caminhar pelas trilhas do cerrado do Planalto Central, percorrendo caminhos, ouvindo, cheirando, olhando, sentindo, desafiando meus medos, integrando-me, fazendo-me presente, sentindo-me parte do campo e resgatando o sagrado da vida no seio da natureza.

Com base nos ensinamentos do professor Jorge e dessas experiências, compreendi que a Gestalt-terapia é uma proposta de psicoterapia fundada na totalidade organismo-ambiente, que propõe uma ecologia do ser. Assim, a primeira frase que me veio à cabeça quando iniciei a criação deste texto foi: o caminho se faz caminhando. O verbo no título do livro de

Jorge está no gerúndio, indicando, ao modo gestáltico, uma ação em curso, a ação de caminhar. Jorge se põe na experiência de buscar ele mesmo caminhar pelas pegadas constitutivas da Gestalt-terapia, refazendo um caminho, um caminho no Brasil da década de 1980.

Em 1985, data da publicação da primeira edição deste livro, a Gestalt-terapia brasileira tinha em torno de 15 anos e já desejava trilhar caminhos próprios. Naquele momento, vivia uma espécie de crise e buscava construir referenciais que dessem a ela uma identidade, um lugar no campo das psicoterapias e na academia. Como o próprio autor afirmou a esse respeito, "faltava uma unidade de pensamento que pudesse representar a Gestalt-terapia, mal entendida e compreendida nos seus primórdios, sobretudo por seu caráter centrado no aqui e agora, como uma teoria séria e epistemologicamente embasada".

Ao escrever este livro, Jorge oferece um referencial fundamental, que cria a unidade de pensamento da qual a Gestalt-terapia carecia naquele momento, consolidando uma estrutura teórico-filosófica, uma configuração das suas bases epistemológicas. Ocupado com o rigor, pesquisador que é, busca trilhas que ofereçam a construção de uma epistemologia da Gestalt-terapia. Fundado na experimentação, Gestalt-terapeuta que é, não busca refazer o caminho, mas mergulha na experiência refazendo um caminho, postura que nos alerta, numa visão merleaupontyana, para os perigos de um trabalho filosófico que se funde apenas na reflexão e busque compreender nosso vínculo natal com o mundo por uma análise somente constitutiva, perseguindo uma gênese.

O filósofo propõe buscar o segredo do mundo no contato com o mundo, de dentro dele. E é a partir da experiência de habitar o mundo da Gestalt-terapia que Jorge refaz um caminho.

Olhando para trás e para os lados, mas sobretudo para a frente e para cima, caminhante que é, Jorge percorre e constrói trilhas. E ao mesmo tempo nos guia, nos convida a caminhar ao seu lado. Como o caminho de Santiago de Compostela, que atravessa os campos dissolvendo fronteiras e traçando linhas às vezes quase invisíveis, conectando caminhos franceses, espanhóis, portugueses – que Jorge por três vezes percorreu –, o mestre, peregrino que é, atravessa os campos gestálticos. E descobre marcos que sinaliza com setas, pedras, cartografando a Gestalt-terapia, uma vez que Jorge, mais que percursos históricos, busca mapear as forças presentes, em um exercício inventivo que se dá a partir dos processos em andamento.

Partindo da vivência mesma dos primeiros fazeres gestálticos no Brasil, Jorge nos indica seis principais marcos, que põe em diálogo com a teoria e a prática da Gestalt-terapia. Para cada um, uma cor, uma pedra colocada uma sobre a outra, que, como as inúmeras esculturas que ele encontrou no caminho, constituem totens. No caminho de Santiago de Compostela, os totens são sinalizadores, e Ponciano os constrói aqui, empilhando pedras e se constituindo no primeiro autor a sistematizar as teorias e filosofias de base da Gestalt-terapia – psicologia da Gestalt, teoria de campo, teorias organísmica e holística, humanismo, existencialismo e fenomenologia – neste livro que mapeia e discute os elementos que sustentam a teoria e a prática dessa abordagem. Mapa que se tornou leitura obrigatória e base para grande parte dos cursos de formação em Gestalt-terapia no Brasil.

Jorge assume, ao discutir os pressupostos filosóficos, o projeto de construir uma proposta psicoterápica do ponto de vista existencial-fenomenológico e, pioneiro, se lança no desafio de buscar uma primeira aproximação da Gestalt-terapia com as ideias de Sartre, Heidegger e Husserl, de modo complexo e ao mesmo tempo em linguagem acessível ao leitor. Acende assim a primeira fagulha do fogo que não mais se apagou e mantém vivo no Brasil o diálogo da Gestalt-terapia com a fenomenologia. Diálogo esse que contribui para dar visibilidade e afirmar a qualidade teórica da Gestalt-terapia brasileira.

E, como o caminho se faz caminhando, Jorge nos brinda com mais uma edição – a oitava – que celebra uma espécie de jubileu de prata também de sua carreira como escritor. Tendo publicado oito livros na área, orientado, ao longo de mais de 30 anos na Universidade de Brasília, inúmeras dissertações de mestrado e teses de doutorado, fundado institutos e formado Gestalt-terapeutas por todo o Brasil, Jorge construiu uma obra que se constitui em um legado importantíssimo tanto para a Gestalt-terapia brasileira quanto para a comunidade gestáltica internacional. Este primeiro livro é um roteiro do caminho para o peregrino, aquele que viaja, buscador, disposto a empreender uma jornada pelos caminhos da Gestalt-terapia. Como todo bom guia, dá indicações, descreve os lugares mais importantes, as possibilidades. Como um bom livro, mostra mais do que narra, instigando e convidando o viajante-leitor a explorar os lugares, vivendo novas experiências – modo de estar no mundo característico desse escritor e educador que prima sobretudo pelo incentivo à autoria e à liberdade para criar.

Rio de Janeiro, janeiro de 2012.

Mônica Botelho Alvim
Gestalt-terapeuta
Doutora em Psicologia e professora adjunta da
Universidade Federal do Rio de Janeiro

PREFÁCIO À PRIMEIRA EDIÇÃO

Jorge honrou-me com o pedido para que prefaciasse o seu livro, sabedor que é de como me sinto ao ver a Gestalt-terapia ser abordada como se fosse um grande sótão flutuando no espaço sem o suporte dos seus alicerces, colunas, paredes etc.

Algumas técnicas e, pior, truques sendo confundidos com o todo da Gestalt e, em consequência, sendo misturados com quase tudo que se faz em psicoterapia, supersimplificando e macaqueando a grande "descoberta" de Fritz.

Como "o Diabo gosta de atalhos" (Laura Perls), gostamos de aprender as eficazes técnicas da Gestalt e julgar que podemos utilizá-las sem sequer atentar para a existência dos seus profundos fundamentos, e muito menos ainda esquadrinhá-los, examiná-los um a um, exaustivamente.

Assim, quando alguém se propõe a ter disposição, fôlego e ousadia para iniciar tamanha tarefa entre nós, nos congratulamos, ficamos felizes e achamos que o trabalho pioneiro de divulgação da Gestalt que estamos fazendo no Brasil, há quase uma década, está valendo a pena. Foi dito iniciar não apenas pela vastidão do projeto que é examinar uma proposta de ação psicoterápica, a teoria psicológica que a sustenta e mais a visão do ser humano, a teoria do ser, a fenomenologia que está por baixo ou aquém do nosso trabalho, dando-lhe sustentação e sentido. Não apenas por isto, repetimos, como pela própria natureza da Gestalt de ser um caminho, um modo de ser e de refletir; logo, jamais podendo ser um produto acabado, pronto, como qualquer outra abordagem fenomenológica do homem, do seu mundo, dos seus problemas e da forma de enfrentá-los.

Fecundada na Alemanha nazista, filha que é de judeus alemães, Frederick (Fritz) e Laura Perls, teve sua gestação na racista África do Sul e finalmente nasceu, deu seus primeiros passos e ainda tem a sua principal sede de desenvolvimento nos Estados Unidos, onde sua genitora, Laura, continua viva e influente[1]. Quanto a Fritz, sabemos que estava fundando uma Comunidade Gestáltica no Canadá quando faleceu em 1970.

Os gênios do irrequieto Fritz e da culta Laura foram fortemente influenciados não apenas por essa peregrinação em busca da liberdade, o que por si só parece tê-los levado a profundas reflexões sobre a condição humana, mas também pelos principais movimentos culturais da primeira metade do século, notadamente os de cunho humanista, para finalmente chegarem à "descoberta" (como eles dizem) da Gestalt-terapia, nome discutido e certamente insatisfatório para designar uma filosofia, uma teoria psicológica e uma forma de ação.

O caminhante Jorge foi até os pontos de partida desta grande jornada e refez a trilha dos Perls, fazendo a sua própria, sabendo que existem outros caminhos. Este livro é a sua trilha para entender, colocar e refletir os fundamentos da Gestalt-terapia; "longa e complexa", por isto demorada, profunda e perigosa.

Esperamos que o exemplo do Jorge floresça, e mais e mais estudos e reflexões apareçam, a fim de que o nosso edifício surja

---

1. Laura Perls faleceu em 1990. [N.E.]

em toda a sua plenitude e deixe de parecer aos menos avisados, por omissão nossa, esse sótão flutuante, esse conjunto de técnicas e truques aplicados indiscriminadamente por não terem sido mastigados, digeridos e muito menos assimilados à luz da teoria que lhes dá sustentação.

Brasília, 9 de junho de 1984.

Walter F. R. Ribeiro

APRESENTAÇÃO À OITAVA EDIÇÃO

Caros leitores,

Escrever *Gestalt-terapia: refazendo um caminho*, há 27 anos, foi responder a um apelo teórico de dar à Gestalt-terapia e à abordagem gestáltica um rosto, uma configuração, uma visibilidade que permitisse aos profissionais brasileiros fazer uma opção real por uma teoria que estava apenas nascendo na comunidade acadêmica brasileira.

Naquela época, havia, aqui e acolá, profissionais "avulsos", isolados, falando de um novo modo de ser, de estar psicoterapeuta, de ver a pessoa não como paciente, mas como cliente, de ver a saúde das e nas pessoas e não apenas os sintomas, de afirmar que processos resistenciais eram formas de autorregulação organísmica, eram ajustamentos criativos, de colocar o contato como instrumento básico da relação cliente-psicoterapeuta.

Eu era, então, professor da Universidade de Brasília (UnB), na qual trabalhei por alguns anos, e me encontrei com a "novidade da psicoterapia da Gestalt ou com a Gestalt-terapia", como passou a ser chamada no Brasil, mas não encontrava ali informações sólidas, reunidas em um campo teórico consistente. Havia informações salpicadas aqui e ali, conceitos teóricos falados, mas pouco explicados. Alguns livros em inglês sobre o tema, uns poucos já traduzidos para o português falavam da

Gestalt clínica ou da Gestalt-terapia, referindo-se, de maneira isolada, ao que, posteriormente, chamei de teorias e filosofias de base da Gestalt-terapia.

A falta de um campo teórico, epistemologicamente visível, discutível, abrangente me levou a um ambicioso projeto de pesquisa: escrever um livro sobre a epistemologia da Gestalt-terapia e da abordagem gestáltica que desse a ela um esboço teórico, um campo teórico academicamente sólido e demonstrável.

Muitos anos se passaram. Hoje a Gestalt-terapia no Brasil e do Brasil fez longas caminhadas, construiu um caminho respeitável, com teses de doutorado, dissertações de mestrado e trabalhos de especialização, institutos de alta qualidade, livros publicados e milhares de psicólogos gestaltistas fazendo da Gestalt-terapia e da abordagem gestáltica uma linha mais respeitada no Brasil, com dezenas de faculdades nas quais a Gestalt-terapia já aparece como disciplina optativa.

Tenho certeza de que a produção teórica da Gestalt-terapia no Brasil de hoje é uma das melhores da comunidade gestáltica internacional.

Esta edição comemorativa das "bodas de prata" de *Refazendo um caminho*, que teve quase 24 mil exemplares publicados, é o maior elogio que se pode fazer à beleza, à estética, à congruência interna da abordagem, às bases teóricas da Gestalt-terapia, ao senso crítico e à capacidade de escolha de nossos psicólogos, ao futuro da abordagem que está entrando na sua idade adulta e promete aos vindouros a certeza de uma longa caminhada em um mundo novo, que escancara suas portas a todos aqueles que querem correr o risco de fazer de sua estrutura teórica sua opção de escolha.

Refazendo um caminho continua refazendo um caminho, agora com a publicação do meu último livro, recém-lançado pela Summus, *Conceito de mundo e de pessoa em Gestalt-terapia*, cuja ideia central é, de um lado, demonstrar que a Gestalt-terapia tem um campo teórico epistemologicamente consolidado, e, de outro, deixar clara nossa proposta de trabalho dentro dos princípios e da linha da fenomenologia existencial.

E eu, chegando aos 80 anos, continuo refazendo o meu caminho pessoal e teórico, porque tenho certeza de que, mais do que "o caminho se faz caminhando", o caminho constrói o caminhante.

Quero, nesta contínua construção desse outro, desse pensar inacabado que mora em mim, agradecer a VOCÊ que me ensinou o caminho do diferente, que me faz reolhá-lo, refazê-lo, me permitindo contribuir para a constituição e construção de uma Gestalt-terapia com corpo teórico e prática clínica com rosto e feições brasileiras.

Brasília, 10 de fevereiro de 2012
Jorge Ponciano Ribeiro

APRESENTAÇÃO À PRIMEIRA EDIÇÃO

Este livro corresponde a uma preocupação acadêmica que, há vários anos, está a pedir uma resposta minha.

A Gestalt-terapia, ciência e vida, técnica e arte, filosofia e postura, estava a pedir uma reflexão mais direcionada aos seus pressupostos e fundamentos.

Não foi fácil escrever este livro, cuja reflexão é apenas um re-flexo da coisa pensada e produzida, saindo de um ato criativo do autor, sujeito às limitações e imperfeições de quem produz pensando, induzindo, deduzindo, fazendo analogias.

Este livro é uma proposta de compreensão, não uma Bíblia; ele é um caminho, não uma chegada; ele é apenas um momento de criação, à espera do novo artista para corrigir, aperfeiçoar, embelezar a obra começada.

Ele é uma reflexão, não uma apresentação de métodos e técnicas.

É um prazer tê-lo terminado, é um prazer maior vê-lo manuseado em tuas mãos, na procura de saber em que o caminho percorrido tem a ver também com o teu, para que juntos possamos dar novos passos e criar novos caminhos e novos rumos para a Gestalt-terapia no Brasil.

Capítulo 1
A BUSCA DO SIGNIFICADO

Toda e qualquer forma de psicoterapia oculta e revela, ao mesmo tempo, uma teoria do homem. Ela procura através do ser humano, do seu pensar, do seu agir, induzir um sistema de comportamento. Forma um quadro, cria um sistema, uma estrutura que nos indicam as linhas mestras do modelo vivencial de cada um. Aquilo, entretanto, que é *decididamente* próprio de um homem, pode, feitas as devidas ressalvas, aplicar-se a outros homens. Neste sentido, o indivíduo é também um universal.

Ciência e conduta andam juntas desde os primórdios da humanidade. A ciência jamais teve a pretensão de analisar e compreender todos os homens para só então falar deles ou sobre eles. Através da análise paciente, constante e objetiva de momentos do homem, ela pode induzir leis que nos ajudam na compreensão dos demais seres. Desse modo, muito antes que a ciência formal existisse, já os homens executavam tarefas com a segurança que seus próprios pensamentos e sentidos lhes ditavam.

Podemos dizer que as coisas se autorrevelam, elas contêm um apelo interno de autorrevelação e de autorrealização: "a água diz: bebe-me"; "o fruto diz: come-me"; "a mulher diz: ame-me". As coisas em si não se autocomplicam, elas simplesmente são e se exibem de modo cristalino.

A natureza, no entanto, é mais complexa do que aquilo que a simples informação direta e sensorial pode informar. Daí, o homem, seguindo o seu ritmo natural, passou a desenvolver uma forma mais sofisticada de atividade: o pensamento. O homem passou a duvidar da certeza imediata que as coisas lhe ofereciam. "O processo de pensar destruiu a unidade do mundo primitivo", e com isto a ciência formal começa a se implantar. A ciência passa a disciplinar a percepção, a disciplinar os desejos, a exigir maior exatidão no estabelecimento e compreensão dos fatos. Já não se pode simplesmente fazer o que se quer, mas o que os fatos, a realidade pedem. A entrada na realidade das coisas de modo técnica e cientificamente previsto colocou o homem longe e, às vezes, à margem da realidade. O contato direto ficou condicionado.

Neste momento, todos os ramos do saber humano querem falar e opinar sobre uma mesma realidade. O ser humano passou a ser "propriedade" da física, da química, da filosofia, da psicologia. O homem cria as ciências que vão falar e agir sobre ele.

A partir de tal momento, abre-se uma grande discussão no campo da psicologia, como ciência que estuda o comportamento dos seres vivos, ou seja, a relação entre natureza animada e inanimada, entre natureza, vida e mente. O homem é todo ele um ser *de* relação *com*. Imerso no universo, tudo diz respeito a ele e com tudo ele se encontra em relação, consciente ou inconsciente.

As propostas tradicionais tanto do materialismo como do vitalismo e espiritualismo se mostraram insuficientes para clarear e definir este básico problema da relação com o qual o ser humano depara, em todos os níveis, no universo que o circunda, sobretudo porque estas posições filosóficas "não são apenas uma convicção científica, mas um credo e um desejo".

Não basta afirmar que tudo se resume na matéria que, através de combinações atômicas complexas, formou todas as espécies existentes, como ensina o materialismo, nem tampouco basta afirmar a existência de domínios separados, colocando de um lado vida e natureza inanimada e do outro, espírito, como queria Descartes, ou vida e espírito de um lado e natureza inorgânica do outro, como querem os vitalistas, para que a compreensão da relação homem-universo seja descrita ou compreendida.

Tais posições mantêm a explicação do homem dentro de uma divisão que chega a ser essencial, isto é, onde a própria natureza humana não é considerada dentro de um único universo. Essa postura exigiria uma multiplicidade de discursos para que o homem se fizesse, de fato, inteligível.

Uma vez que o homem é um todo existencial, no seu sistema inter e intrarrelacional, era preciso que se caminhasse à procura de um único discurso na compreensão da totalidade: ser humano.

Surge uma tentativa de resposta, a posição gestáltica, que propõe uma integração de quantidade, ordem e significado, como correspondendo àquela globalidade que define e caracteriza a relação homem-universo.

De um lado, não podemos ignorar os problemas mente-corpo, vida-natureza, bem como não podemos aceitar que exista um abismo intransponível entre estas realidades complexas. Estamos, portanto, propondo um discurso unitário que formalize a relação existente entre estas partes, fazendo que se tornem inteligíveis a partir de uma concepção de todo, de inteiros, no universo.

Tanto a natureza como a vida e a mente possuem um conceito que delas decorre naturalmente e que as caracteriza na sua individualidade: à natureza compete a quantidade, à vida, a ordem, à mente, o significado. Esses elementos, no entanto, estão em íntima relação com outra realidade que lhes é inerente: a qualidade. Não existe uma antítese, mas antes uma complementaridade entre eles e a qualidade. É através dela que se pode entrar na intimidade da quantidade, da ordem e do significado. A natureza, a vida e a mente têm um *quantum*, uma ordem, um significado, e é a qualidade que torna isto claro e inteligível. A partir da qualidade, que lhes dá forma específica e diferenciada, o discurso holístico torna-se também mais claro e evidente. As coisas, por conseguinte, têm sentido no momento em que são vistas igualmente sob o tríplice prisma da quantidade, da ordem e do significado. Cessa, nesse caso, a dicotomia e passa-se a ver tudo como um todo, porque esses três elementos são considerados como próprios da realidade, como algo decorrente do seu modo de existir no mundo.

Para melhor compreensão desta proposta de um único discurso unitário, faz-se mister uma consideração sobre cada um destes três elementos.

A *quantificação*, que caracteriza as ciências da natureza, invadiu também a ciência psicológica. Hoje se mede tudo: sensações, emoções, inteligência.

Pode-se, contudo, perguntar: qual a relação existente entre o que foi medido e o que resta por medir na coisa medida, ou seja, qual é realmente a quantidade medida.

A fórmula matemática estabelece uma relação definida entre números abstratos. Tal relação não é mais puramente quantitativa na simples acepção de um número concreto qualquer e, neste caso, a quantidade deixa de se opor à qualidade. Um percentil intelectual é tão quantitativo como qualitativo. Ele mediu um *quantum* ao qual necessariamente está inerente uma qualidade. Mediu o que ele foi programado para medir, testou a validade de uma equação de um processo que se pretendeu descrever. O medível da inteligência (sua qualidade total) resta ainda por ser atingido. Neste sentido, longe de se opor à qualidade, a quantidade nada mais é que um modo particularmente preciso de medir a qualidade. Quanto mais corretas forem as descrições qualitativas, tanto mais fácil será traduzi-las em termos quantitativos, pois a *qualitas*, que é uma propriedade dos seres, caracteriza e individualiza a essência. Queremos com isso afirmar que todo ser é internamente uma realidade funcionando com subtodos e que todo ser se coloca aberto diante do mundo, das pessoas. A relação que as pessoas estabelecem com o fenômeno interno e externo depende intimamente da quantidade e qualidade percebidas nas coisas. Tal fato nos convida a uma aproximação fenomênica da realidade, isto é, a detectá-la não apenas a partir de um pressuposto racional, mas de uma relação tipo dentro-fora-dentro. Estamos, então, à cata da realidade como um todo e não à cata de nexos puramente causais.

A simples percepção do fenômeno não me coloca em contato direto com a realidade. É necessário que o fenômeno se desvele e que se note o como de seu desvelar.

A partir destas afirmações, fica mais clara a proposta da Gestalt-terapia em lidar prioritariamente com o *quê* e o *como*. Enquanto o *quê* me revela o fenômeno, o *como* o descreve, colocando o psicoterapeuta na condição de lidar com a qualidade do fenômeno real. Quanto mais o *quê (quantum)* se revela, mais se pode ter uma visão unitária do processo como um todo, o que equivale a dizer perceber sua qualidade. A emoção, por exemplo, tem um *quantum*, a percepção, todavia, de sua intensidade, me revela a qualidade do que está acontecendo aqui e agora.

A qualidade, portanto, sem ser propriamente o invisível da quantidade, se revela como uma roupagem de infinitos matizes, que varia do quase nada até o infinito. O *quantum* é, a *qualitas* pode ser sempre, crescer cada vez mais. Note-se, no entanto, que ambos os conceitos estão permanentemente juntos e em íntima relação dinâmica.

O segundo elemento de nossa análise é a *ordem*, que deriva das ciências da vida. Também a ordem não é uma categoria objetiva. Ela se gradua, podendo ser vista a partir da realidade subjetiva de quem a vê e a julga. Podemos falar de ordem em oposição à desordem. A ordem pode ser uma questão mecânica, de gosto, de sentimentos.

Uma mesa com papéis amontoados por quem a utiliza pode significar a "ordem" melhor para esta pessoa. Se alguém a ordena, colocando as coisas em lugares diferentes, esta nova ordem pode dificultar o trabalho de quem utiliza a mesa. Um quadro impressionista, com formas confusas, é a ordem que o artista descobriu e criou, enquanto para o observador este quadro nada significa, porque as imagens não estão em ordem.

É a ordem feita de leis mecânicas ou ela é também fruto dos sentimentos pessoais? É a ordem fruto de processos ordenados, medíveis ou é fruto de sequências fortuitas? Diz-se que, na natureza inorgânica, forças mecânicas cegas são puxadas por uma força interna a elas mesmas, uma espécie de força de reorganização interna que dá a estes impulsos finalidade e rumo, criando a ordem. Podemos, no entanto, perguntar: existe mesmo esta força de organização interna? Como aceitar a ordem do universo e não aceitar esta força ordenadora? As coisas têm energia interna de autorregulação?

A essas questões podemos responder que o discurso unitário de explicação das relações homem-mundo deve ser necessariamente holístico. As coisas estão presentes inteiras. O limite real das coisas é sua própria realidade, que pode ser incompleta, se vista dentro de um conceito de projeto, mas que será completa se vista atualizada aqui e agora. Daí que a filosofia gestáltica propõe, como já disse antes, uma postura integradora que una natureza e vida, afirmando que elas não se opõem, mas antes se integram. A ordem não é apenas uma propriedade da vida, mas também da natureza.

> Se for possível demonstrar que a ordem é uma característica dos eventos naturais, estando, portanto, dentro do domínio da física, então podemos aceitá-la na ciência da vida, sem introduzir uma força especial e responsável pela criação da ordem... O materialismo tira a ordem da vida e a vida passa a ser uma curiosa combinação de eventos desordenados. Se a vida é tão cega quanto à natureza inorgânica, devemos ter por uma tão pouco respeito quanto temos pela outra. Mas, se a natureza inanimada compartilha com a vida do aspecto de ordem, então o respeito que sentimos direta e irrefletidamente pela vida estender-se-á também à natureza inanimada. (Koffka, 1975, p. 29)

A esta altura, vai ficando claro que ordem e quantidade não são conceitos estanques, mas que existe ordem na quantidade e vice-versa. Vai-se introduzindo a ideia de que na totalidade temos tudo de que precisamos para compreender a realidade. De certo modo, os conceitos de ordem e quantidade deixam de significar algo que pode ser definido *per se*, para significar mais relação com. Assim, em termos de comportamento humano, se diz, às vezes, que, quando alguém está bem, está em ordem, que sua vida está em ordem. A pergunta é: ordem com relação a quê? Uma pessoa dita "certinha" está em ordem; alguém, no entanto, livre, solto, espontâneo, pode ser chamado de "não em ordem". Se ambos estão bem consigo mesmos, podemos dizer que ambos estão em ordem? Talvez possamos dizer que alguém que está em coerência interna consigo e com o mundo está em ordem, não importa a ordem vista de fora. Nele a relação quantidade e ordem encontram seu próprio processo homeostático.

O processo psicoterapêutico visa alcançar esta ordem, esta harmonia, não importando a quantidade com que se apresenta. Se existe ordem, existem também a quantidade e a qualidade desejadas.

O terceiro e talvez o mais fundamental destes conceitos é o de *significado* e *valor*, como pertencentes às ciências da mente. Aqui, como diz Koffka, está uma das raízes mais profundas da teoria da Gestalt.

Estamos diante de uma velha luta entre filosofia e prática, entre psicologia experimental e especulativa.

Devemos, no entanto, afirmar e defender o ponto de vista de que em psicologia deve existir lugar para significado e valor, pois toda forma de psicologia se realiza dentro de uma cultura. A ciência empírica procura causa e efeito, a filosofia vai além e procura motivos e valores. Não se pode falar de cultura sem falar de significado e vida. Nem os psicólogos experimentais podem excluir significado e valor, nem a psicologia especulativa pode excluir as relações de causa e efeito. Qualquer psicologia que tente, em nome de seus postulados científicos, excluir simplesmente estas relações não pode considerar-se uma psicologia completa.

Wertheimer, fundador da psicologia da Gestalt, tentou apresentar uma posição que não sacrificasse os princípios da ciência e os do significado. Diz ele:

> Explicar e compreender não são formas diferentes de lidar com o conhecimento, mas fundamentalmente idênticas. E

isso significa: uma conexão causal não é uma simples sequência fatual a ser memorizada, como a ligação entre um nome e um número de telefone, mas é inteligível. (Koffka, 1975, p. 32)

Wertheimer usa uma analogia que transcrevo, seja por sua beleza, seja por sua utilidade:

> Suponha-se que entramos no Paraíso com toda a nossa curiosidade científica e encontramos miríades de anjos empenhados em fazer música, cada um deles tocando seu próprio instrumento. Nossa formação científica tentar-nos-ia a descobrir alguma lei neste colorido celestial. Dispor-nos--íamos então a observar regularidades tais que, quando o anjo A tocasse *dó*, o anjo C tocaria *ré*, depois o anjo M um *fá*, e assim por diante. Se fôssemos bastante persistentes e dispuséssemos de tempo suficiente, poderíamos descobrir uma fórmula que nos possibilitasse determinar a nota tocada por cada anjo, em cada momento do tempo. Muitos filósofos e cientistas diriam que, neste caso, tínhamos explicado a música celeste, que havíamos descoberto a sua lei. Essa lei, porém, nada mais seria que um enunciado fatual; seria prática, tornando possíveis as predições, *mas não teria significado algum*. Por outro lado, poderíamos tentar ouvir a música como uma grande sinfonia; nesse caso, se tivéssemos dominado uma parte, saberíamos muita coisa sobre o todo, mesmo que a parte por nós dominada nunca mais se repetisse na sinfonia; e, se, finalmente, conhecêssemos o todo, deveríamos estar aptos a resolver o problema solucionado pela nossa primeira tentativa. Mas, então, ela seria de significado secundário e derivativo. Ora, se os anjos estivessem realmente tocando uma sinfonia, a nossa segunda abor-

dagem seria a adequada; não só nos diria o *que* cada anjo estava executando, em qualquer momento dado, mas *por que* o fazia. Toda a execução seria significativa, assim como o nosso conhecimento a respeito. Substitua-se Paraíso por Universo, a música dos anjos pelas ocorrências universais e aí teremos a aplicação ao nosso problema. (Koffka, 1975, p. 33)

Se descrevemos nota por nota, estas não terão um significado, um valor na realidade total; se descrevemos uma parte, esta nos dirá algo de cada nota e do todo; se descrevemos o todo, este nos dará o significado de cada nota e de cada parte. Por isso dizemos que o todo é qualitativamente diferente da simples soma das partes.

A busca do significado e do valor encontra resposta no momento em que o todo (a sinfonia) é ouvido e sentido como um todo e não como uma sequência fatual e causal em que elementos, funcionando separados, criam uma relação de causa e efeito na produção de um significado.

Veja-se a importância desse raciocínio para a psicoterapia: o cliente é entendido a partir do momento em que ele é visto como um todo, vindo de um todo e presente em um todo. O cliente é como uma sinfonia. É importante escutar cada uma de suas notas (seus problemas). Estas, no entanto, só se fazem inteligíveis quando vistas no seu todo, na sua relação dinâmica de parte para parte.

A quantidade e a ordem, nesse contexto, se fazem inteligíveis não em razão de si próprias, mas em razão do contexto total, ou seja, do significado na totalidade. O sentido subjetivo da qualidade informa e individualiza a parte e o todo.

Parte e todo, figura e fundo, adquirem aí uma importância, um significado e um valor incalculáveis. Não existe parte sem todo ou todo sem partes, figura sem fundo ou fundo sem figura, mas existe uma relação dinâmica, criadora, modificadora entre cada um destes elementos. Em termos práticos, quando a ação psicoterapêutica é orientada para o todo do cliente, cada uma de suas partes está sendo mexida, considerada; quando é orientada para uma parte do cliente, por exemplo, para uma energia localizada na respiração, toda a pessoa está sendo atingida, porque a relação não é apenas de causa e efeito, mas uma relação existencial entre as partes e o todo, entre cada nota e a sinfonia.

Qualquer que seja o objeto do nosso conhecimento, independentemente de nossa vontade, ele possui uma quantidade, uma ordem e um significado que lhe são inerentes *ex se*, não importa a atribuição que lhe queremos dar. É evidente que a pessoa humana tende a atribuir significado, ordem e quantidade a todo e qualquer objeto de que se aproxima e, de certo modo, tenta criar a relação a partir da atribuição que ela confere às coisas. As coisas, entretanto, existem e coexistem conosco independentemente da existência que lhe queiramos atribuir.

Em tal contexto, integramos quantidade e qualidade, explicação e compreensão. A quantidade passa a ser qualitativa, o significado e a ordem passam a fazer parte da ciência e não de meras ficções. As coisas existem em si e independem de nossa vontade criadora. Elas têm um fluxo de energia que lhes é próprio e tendem a se autorrealizar da maneira mais perfeita, integrando elementos após elementos. As coisas e pessoas tentam se integralizar, se globalizar, se totalizar com um impulso que lhes é próprio.

Não estamos afirmando que o universo e tudo que nele se passa ou que ele encerra formem uma grande e única Gestalt. Gestalt supõe e cria uma relação de e entre partes e somente esta relação define e caracteriza a realidade em estudo.

Como diz Koffka (1975, p. 34):

> Aplicar a categoria de causa e efeito significa descobrir que partes da natureza se encontram nesta relação. Analogicamente, aplicar a categoria de Gestalt significa descobrir a que partes da natureza pertencem, como partes, a todos funcionais, descobrir suas respectivas posições nestes todos, seu grau de relativa independência e de articulação dos todos maiores em subtodos (1931b).

Esta afirmação de Koffka contém um apelo visível do significado que nasce da relação parte-todo, causa-efeito. Isto nos permite ampliar nosso discurso para uma consideração posterior da relação existente entre o método fenomenológico e a técnica gestáltica de psicoterapia. De fato, em psicoterapia, não só o cliente se apresenta como um todo físico, orgânico, mental, como ele funciona como um todo, independentemente de que uma ou outra parte sua esteja em desarmonia com esse todo.

Como um relojoeiro identifica a peça que impede o relógio de funcionar bem como um todo, a partir de uma acurada observação e análise de todas as peças, assim também o psicoterapeuta olha, observa, descreve, analisa e toca o cliente a partir do todo ou daquela parte por ele apresentada como a que dificulta seu andamento normal. Em ambos os casos, é a relação parte-todo, todo-parte que indicará o caminho a seguir. O caminho inicial parece ser o da busca do significado e da ordem existentes no ser.

> A ciência encontrará Gestalts de diferentes ordens em diferentes domínios, mas não afirmamos que toda e qualquer Gestalt tem ordem e significado, em maior ou menor grau, nem que, para uma Gestalt, quantidade e qualidade são a

mesma coisa. Ora, ninguém negaria hoje que, de todas as Gestalts que conhecemos, as mais ricas sejam as da mente humana; portanto, é sumamente difícil e, na maioria dos casos, ainda impossível expressar sua qualidade em termos quantitativos, mas, ao mesmo tempo, o aspecto de significado torna-se mais manifesto aí que em qualquer outra parte do Universo. (Koffka, 1975, p. 34)

O psicoterapeuta se encontra frequentemente diante de informações cuja quantidade *(quantum)* poderia levar a conclusões de compreensão de uma situação, por exemplo, um choro abundante e contínuo do cliente que fala da perda do pai. Aqui, no entanto, existe outra variável que é aquela da qualidade *(qualitas)* deste choro. Tem-se a sensação de que quanto maiores forem os pormenores deste choro mais sua qualidade poderá definir-se. A qualidade poderá ser boa ou má. O que definirá essa qualidade é o significado do choro, que nasce não do choro em si, mas da relação entre choro e realidade total.

Depois dessas reflexões básicas que introduzem nosso pensamento à filosofia da Gestalt-terapia, consideraremos algumas filosofias de base que fornecem ao nosso sistema psicoterapêutico aquela postura científica que orienta os passos do pesquisador e psicoterapeuta (Koffka, 1975, p. 15-35).

Capítulo 2
PRESSUPOSTOS FILOSÓFICOS

A psicoterapia tem sido frequentemente investigada e proposta de um ponto de vista psicodinâmico. Existe toda uma tradição psicoterapêutica, a partir da proposta de Freud, que engloba correntes várias, normalmente chamadas de "base analítica". Estas correntes têm já uma linguagem definida, estruturada, conhecida e cujos pressupostos são aduzidos simplesmente, com base numa tradição que já os reconhece cientificamente. Isso não significa a não validade de tais teorias, apenas nos dá a oportunidade de fazer uma reflexão diferente, vasta, em termos de uma teoria da psicoterapia, sob o ponto de vista existencial-fenomenológico. É o outro lado da medalha, que a unifica e a caracteriza como medalha e gera aquele conjunto de informações a partir das quais se pode pensar e agir diferentemente. Não se trata de uma reflexão nova, mas de uma reflexão incomum, na qual novos e diferentes elementos são aduzidos a fim de facilitar uma reflexão epistemológica que abra mais o leque das possibilidades de caminhos na compreensão do homem.

Trata-se, portanto, de uma reflexão filosófica a partir do sentido do homem no mundo, a partir de elementos nos quais teorias como a do campo, a holística, a gestáltica, com a práxis psicoterapêutica, tentam iluminar esta vasta área do conhecimento humano, dificultado na compreensão pela própria reflexão do que é e de como se é, *existindo*.

A proposta desta reflexão é precedida por uma reflexão humanista, existencial-fenomenológica. É nesse contexto que desejo situar esta reflexão. É nessa tríplice visão que o homem se torna inteligível dentro de nossa proposta e, uma vez tendo o homem se tornado mais inteligível, o modo ou os modos de abordá-lo se tornam coerentemente mais eficazes.

Existem numerosas correntes humanistas, existencialistas e fenomenológicas, as quais, dada a amplidão e complexidade de seu campo de ação e de interpretação do homem, não convergem, mas caminham paralelas à procura de um lugar comum.

Nossa proposta é levar em conta seus elementos gerais, comuns, que unem estes grandes sistemas, de tal modo que eles possam, de fato, servir a uma reflexão da psicoterapia e do homem.

Desse modo, sempre que possível, procurarei analisar o sentido, o valor, a mensagem de uma prática psicoterapêutica à luz de princípios filosóficos.

Esta análise nem sempre é fácil, embora possa ser feita. O importante é não violentar textos em função de sua aplicabilidade a uma forma específica de psicoterapia.

Frequentemente a interpretação e a aplicação do texto a um momento psicoterápico terá caráter certamente analógico, ele será utilizado por extensão e talvez até no seu sentido lato. Até certo ponto, o pensamento filosófico é um pensamento de totalidade e, nesse sentido, *positis ponendis*, ele pode ser aplicado a outras áreas do universo científico.

Por isso, embora sabendo que determinados textos revelam e expressam certo pensamento de um autor sobre um tema específico, nós o utilizamos para, numa extensão, *data venia*, fazer mais compreensível um momento, um gesto, uma técnica psicoterapêutica.

Não querendo correr o risco da generalização nem o da rigidez de interpretação, espero que a fluidez nos ajude a ultrapassar as barreiras da filosofia para a psicologia.

Ainda que o humanismo possa ser considerado como algo inerente ao existencialismo ou dele decorrendo naturalmente, nós o destacamos, quase que de forma didática, para facilitar uma melhor compreensão das partes deste todo que nos propomos apresentar.

A escolha dos textos obedece a uma procura nossa, pessoal, e se torna nossa proposta interna, numa visão ampla do que entendemos por Gestalt, quando afirmamos ser ela uma filosofia.

Estamos fazendo algo que, parece, Perls procurou evitar, ou seja, ligar seu pensamento a pensamentos já pensados e escritos. Nesse silêncio de Perls, entretanto, parece estar todo um convite a que cada um, conservando o centro por ele proposto, crie, a seu modo, uma visão existencial-filosófica de como vê a Gestalt-terapia. Este é o caminho reencontrado por mim.

GESTALT-TERAPIA E HUMANISMO

O humanismo tem sido a grande tentativa do homem de compreender-se e de fazer-se compreendido. Se a história da humanidade tem sido também frequentemente a história de fracassos, isso significa que o homem tem também um significado ideal, transcendental e que ele próprio ainda não conseguiu entender. De fato, a incoerência do homem na história só tem sentido a partir de sua transcendência; a sua verticalidade, no tempo e no espaço, só tem sentido a partir da horizontalidade do seu próprio conceito e da concretude de seu ser real e próprio no mundo.

O homem tem estado permanentemente em luta consigo e com outros homens, na eterna tentativa de se firmar e de ser reconhecido como pessoa. O homem busca a harmonização como centro de sua expectativa. Está em constante procura da compreensão de seu próprio sentido.

O humanismo filosófico é, portanto, e designa uma concepção do *mundo* e da *existência* que tem o homem como centro.

Não tem o homem como centro *por acaso*, mas *por poder*. Na realidade atual, ele tem de lutar com força para ser esse centro, para não ceder esse centro à máquina, ao poder. O homem é naturalmente o centro das coisas, do universo, porque, como diz Heidegger, só o homem *existe*, as coisas *são*. O homem é o único ser que tem uma maneira característica de se fazer, de se realizar.

Não é sem razão que Protágoras, cinco séculos antes de Cristo, dizia: "o homem é a medida de todas as coisas". Isso não significa ser o homem o senhor absoluto e prepotente do universo, mas que o universo deve ser pensado a partir do homem. Guerras, inovações científicas, conquistas aeroespaciais, reformas, instituições só têm sentido a partir do homem e para o homem. No momento em que o homem pessoa desaparece para que estas *coisas* sejam, o *homem* deixa ou é impedido de *existir*. O mundo que caminha além do homem, sem o homem, ainda que através dele, é um mundo caminhando para a desumanização. Falta ao homem uma reflexão profunda sobre si próprio.

Nesta perspectiva, fica mais claro ainda o pressuposto humanístico de Sócrates: "Conhece-te a ti mesmo".

Conhecer a si próprio é experimentar o próprio poder e os próprios limites; é a partir de si próprio que o homem caminha para compreender o mundo e utilizar o mundo na compreensão de si próprio. Conhecer a si próprio é uma proposta de se autogerir, de evoluir a partir de dentro, conscientizando-se, momento por momento.

O humanismo aberto é, portanto, uma proposta de desenvolvimento, de crescimento na direção daquilo que se diz humano.

Já Cícero, o grande orador romano, dizia que o termo humano supõe três elementos:

1. Aquilo que define o homem como homem;
2. Aquilo que vincula o homem a outro homem e aos homens em geral;
3. Aquilo que forma o homem como homem. ("Humanismo", 1970, p. 581-3)

Cícero imagina o processo de humanizar-se como um processo de crescente complexidade, no qual elementos puramente conceituais desembocam numa realidade concreta: o homem.

"Amarás ao teu próximo como a ti mesmo" (Mateus 22:39). Assim o humanismo cristão operacionaliza toda relação. O homem volta a ser a medida das coisas objetiva e subjetivamente. É através desse amor paritário, que supõe uma relação paritária, que a pessoa humana pode encontrar respostas humanas para suas indagações, para sua prática de vida, para o seu estar no mundo de maneira diferenciada das pedras, das plantas, dos animais.

Não se pode negar que em toda forma de psicoterapia se esconde uma visão do homem. A Gestalt-terapia se coloca do lado das psicoterapias humanísticas, o que significa que contém e promove a ideia do homem como centro, como valor positivo, como capaz de se autogerir e regular-se.

O que acabamos de dizer nos dá uma atmosfera geral do que pode ser uma vivência humanística da realidade. Fica claro que a filosofia humanística nos fornece pressupostos com base nos quais um discurso psicoterapêutico pode fazer-se possível e acontecer.

Quando dizemos, neste contexto, que fazemos psicoterapia, estamos nos referindo a mais do que uma psicoterapia centrada na pessoa; acima de tudo, uma psicoterapia que tenha a pessoa como centro. Isto dá sentido ao operar psicoterapêutico. O humanismo é uma teoria do homem; psicoterapia de base humanística é o homem criando a si mesmo, existindo, tomando posse de si e do mundo e não a aplicação de uma teoria no homem. Este homem transcende à teoria do homem. E só assim ele pode ser entendido como centro.

Uma psicoterapia, preocupada com a valorização do humano, procura diretamente lidar com o que de positivo tem a pessoa, procura lidar com seu potencial de vida (saúde, beleza, força etc.), procura fazer que o cliente tome, de fato, posse de si mesmo e do mundo. Tal postura não significa que não se tente compreender o sentido das limitações, das fronteiras, da morte, no contexto da psicoterapia, pois psicoterapia tem de ser expressão e compreensão da própria vida. É a postura humanística que, sem esquecer os limites pessoais, os fracassos e as impossibilidades de mudanças, aqui e agora, procura fazer uma reflexão a partir do positivo, do criativo, do que é ainda potencialmente transformador, enfim, daquilo que, talvez sem o perceber, o cliente tem à sua disposição, como principal e, às vezes, única porta de saída para sua recuperação e renascimento.

Existe um belíssimo texto de Heidegger (1973, p. 347) em que aparece claro este apelo humanístico de que estamos falando, como consequência de um compreender e atualizar a essência:

> Estamos ainda longe de pensar, com suficiente radicalidade, a essência do ser. Conhecemos o agir apenas como o

produzir de um efeito. Sua realidade efetiva é avaliada segundo a utilidade que oferece. Mas a essência do agir é o consumar. Consumar significa: desdobrar alguma coisa até a plenitude de sua essência: levá-la à plenitude: *producere*. Por isto, apenas pode ser consumado, em sentido próprio, aquilo que já é. O que, todavia, já é, antes de tudo, é o ser.

Este pensamento nos propõe considerações de longo alcance para uma proposta de psicoterapia.

A nossa proposta com relação ao cliente é que ele aja com toda a sua radicalidade. Agir com radicalidade, longe de ser um mero produzir efeitos, conseguir resultados imediatos, supõe um consumar a essência. No nosso contexto, este consumar a essência significa um produzir existencial permanente, um fazer recurso a potencialidades desconhecidas ou não usadas, um desdobrar-se à procura da própria totalidade significativa.

Neste processo, continuando a interpretar Heidegger, o agir, o pensar e o expressar-se através da linguagem completam a relação entre o expressar-se e o consumar-se da essência.

A psicoterapia humanística deve estar atenta à realização plena destes três momentos. A finalidade da psicoterapia é levar o cliente à sua consumação, isto é, a desdobrar-se até a plenitude de sua essência, ou seja, levá-lo à sua plenitude no agir, no pensar, no expressar-se pela linguagem.

Isto significa que o homem todo inteiro é o sujeito do processo psicoterapêutico. Não basta lidar ou com sua linguagem ou com o que ele faz ou pensa.

Mais uma vez, saímos da dicotomia e insistimos em um discurso único na compreensão da pessoa humana. Nem só corpo, nem só mente, mas o homem inteiro, por inteiro, no ato psicoterapêutico.

O discurso unitário é a pessoa do cliente e a do profissional, o vínculo é a relação. Neste sentido, a relação é uma Gestalt.

A Gestalt é. Tem um apelo interno de desvendar-se, de se deixar descobrir, tocar, analisar. Heidegger dizia que encarregar-se de alguma coisa, de uma pessoa, significa ouvi-la, querê-la. É o que estamos tentando fazer: ouvir o ser, querê-lo, penetrar no ser através da Gestalt que ele é, descobrir-lhe a proveniência, para sentir o como do seu "deixar de ser".

Heidegger (1973, p. 349) dizia que "o poder do querer é aquilo, graças ao qual, alguma coisa é propriamente capaz de ser". É esta plenitude do deixar-se fluir que procuramos sempre que nos aproximamos de alguém, sempre que nos "encarregamos" dele. Isto significa estar com e na proveniência das coisas e das pessoas. As coisas recomeçam permanentemente. Cada instante é um começo. Penetrar no instante significa buscar a totalidade. O ponto do começo está aqui, agora. Só se pode começar agora. Onde se está agora está o começo, e este começo agora me revela a proveniência buscada.

De onde vim, para onde vou, quem sou eu, são, no fundo, questões existenciais sumamente pertinentes e que nos colocam em confronto com este querer, com este ouvir a própria realidade. Ao mesmo tempo que essa realidade nos coloca em confronto com o que é real, ela se abre para as fantasias de nossa realidade, situando-nos diante daquilo que Heidegger chamava de "força misteriosa do possível".

É nessa dimensão de esperança e de poder interno, ao mesmo tempo, que entendemos a palavra bíblica quando afirma que ao que tem fé tudo é possível (Lucas 17:6; Mateus 17:20).

Cumpre-nos dizer ainda que, dentro de uma visão humanística, ficam mais claras as relações do homem com Deus, com a lei, com o bem e o mal, com os valores. Como diz Heidegger (1973, p. 355): "O único pensamento que se quer impor é que as mais altas determinações humanísticas da essência do homem ainda não experimentaram a dignidade propriamente dita do homem".

Essas considerações nos levam à pergunta que, de imediato, nos interessa e que deve ser pensada com radicalidade: O que é o homem, a mulher, o ser humano na minha visão de mundo? Aqui-agora, na história do ser, o meu diálogo parte de que apelo e caminha rumo a que horizonte? Qual é o meu discurso com relação ao meu ser e ao ser dos outros?

Fazer Gestalt é bem um consumar de essências na relação a dois. É um colocar-se todo para se descobrir inteiro na relação e na vida.

Fazer Gestalt é um contínuo desafio.

Fazer humanismo teórico é antigestalt-terapia, o que ocorre quando se está aberto para uma exigência de um mundo humano, liberal e solto, mas se está preso a si próprio, emperrado na própria impotência de mudança.

A proposta de Gestalt-terapia é mais do que uma reflexão humanística, ela se realiza a partir de uma postura básica, filosófica, existencial. Quer ser uma resposta a um modo específico de se estar no mundo e a ele reagir.

Nesse sentido, a reflexão que acabamos de fazer, que será seguida de uma reflexão existencialista, vista como sendo um modo característico de agir e reagir à realidade, nos dará elementos para um quadro referencial que se vai diferenciando cada vez melhor.

Também aqui nossa reflexão do ponto de vista psicológico se utilizará de uma visão existencialista para ajudar na compreensão de um processo gestáltico psicoterapêutico.

GESTALT-TERAPIA E EXISTENCIALISMO

Sendo a Gestalt-terapia um caminho e uma forma de se expressar diante da vida, estudar e confrontar a filosofia existencialista nos permite uma reflexão aprofundada de sua proposta de compreensão do mundo visto por nós do ponto de vista psicológico.

Seus princípios e pressupostos nos ajudam a fazer aquela transposição de mensagens que estão na base de nossa preocupação: Gestalt-terapia como um modo específico de estar no mundo e de lidar com ele.

Como para o existencialismo, também para a Gestalt-terapia a existência é a grande interrogação.

> A 'existência' que aqui está implicada é o homem, que se torna o centro de atenção, encarado como ser concreto nas suas circunstâncias, no seu viver, nas suas aspirações totais. Centrado nos problemas do homem, o existencialismo penetra nos seus pensamentos concretos, nas suas angústias e preocupações, nas suas emoções interiores, nas suas ânsias e satisfações. ("Existencialismo", 1969, p. 114)

Tanto para o existencialismo como para a Gestalt-terapia, o homem é visto não como um ser universal, diluído na ideia, como pensava Hegel, mas antes como um ser particular, concreto, com vontade e liberdade pessoais, consciente e responsável. O existencialismo é a expressão de uma experiência individual, singular: trata diretamente da existência humana.

De certo modo, estamos introduzindo um discurso sobre realidade e subjetividade.

Kierkegaard dizia que "a subjetividade é a verdade, a subjetividade é a realidade". Por isso, é necessário tentar compreender o indivíduo a partir de sua singularidade, de seu manifestar-se subjetivo. Conhecer é, portanto, fazer um apelo à existência, à subjetividade.

> O homem é singular... Apenas ele tem consciência da sua singularidade. Portanto, o homem é a categoria central da existência. A existência individual, assim a concebe Kierkegaard, é para ser vivida [...] Kierkegaard exalta o concreto, o singular, o homem enquanto subjetividade. (Penha, 1982, p. 22)

Esta é também a proposta da Gestalt-terapia, no sentido de ver o homem como um ser particularizado, singularizado no seu modo de ser e de agir, concebendo-se como único no universo e individualizando-se a partir do encontro verdadeiro entre sua subjetividade e sua singularidade. Isto significa uma inquietação, um não acomodamento à procura da realidade própria e pessoal.

A visão existencialista vai além ao considerar a relação profunda existente entre ato humano e intenção, ou seja, todo ato psíquico é intenção e deve ser entendido, compreendido a partir de si próprio. O próprio agir se autoinforma imediatamente. A intencionalidade do ato é a figura-desejo, na qual estão presentes vontade e liberdade.

Esta intencionalidade como característica própria e fundamental da consciência cria uma relação nova e significativa entre o homem e o mundo, entre o sujeito e o objeto, entre conhecimento e consciência.

A consciência não é um depósito morto de objetos e imagens, mas é ativa, competindo a ela dar sentido às coisas. A consciência é, assim, viva, livre, ela existe voltada para as coisas, ela existe orientada de forma imediata para as coisas. Ela sempre visa algo. Todo ato humano visa um objeto, não ocorre no vazio, por isso Husserl dizia: "Toda consciência é consciência de alguma coisa".

O conceito de intencionalidade ao qual voltaremos, mais tarde, falando da fenomenologia, é extremamente útil como conceito auxiliar no processo psicoterapêutico. Nós esperamos do cliente que ele assimile dinamicamente suas novas vivências, mentais ou afetivas, esperamos que ele tome consciência de si não como consequência de um amontoado de ideias e conceitos que ele organiza e sistematiza como forma estática de consciência, mas como um movimento para fora, de mudança e de liberdade responsável.

Em termos práticos, intencionalidade da consciência implica um passar à ação depois da conscientização.

Se consciência é sempre consciência de alguma coisa, se ela visa sempre um objeto, se ela não ocorre no vazio, a chegada de alguma coisa à consciência parece obedecer a um sentido oculto, a um movimento de escolha que é ditado pelo próprio organismo.

A contínua indagação: o que quero, de onde vim, para onde vou, posso e não quero, quero e não posso, esta permanente sucessão de polaridades que caracteriza o agir humano reflete a busca frágil do próprio sentido de intencionalidade à procura de um operacionalizar-se.

Vontade, liberdade, intencionalidade formam um tripé no qual a coexistência pacífica destes conceitos passa a refletir uma harmonia desejada, mas muito complexa e difícil.

O homem não é explicado pelas coisas nele ou dele, ele é a sua própria explicação. Quando entra em relação com o mundo, está todo ele e ele todo em relação. Não há como dicotomizá-lo, atribuindo a uma parte dele (o inconsciente, por exemplo) a responsabilidade de um gesto. Nas suas escolhas, todo o seu organismo faz sentido e faz história. Sua vontade e sua inteligência não são realidades *a se*, isoladas, são o que são como resultado de um processo em que todo o organismo fez uma longa caminhada, na sua relação com o ambiente.

Assim, um pressuposto importante no existencialismo é o de que o ser humano só pode, de fato, ser compreendido por ele mesmo através de uma experiência direta do seu ser no mundo, e, embora a pessoa possa, momentaneamente, ter perdido esta aptidão, continua sendo a mais fiel intérprete de si mesma.

Dentro desta visão, compreende-se que qualquer forma de psicoterapia que tente abordar o ser humano só será compreensível na razão em que tenha o homem como centro de sua própria libertação, de sua própria liberação, partindo filosoficamente do pressuposto de que a pessoa necessitada, no caso o cliente, é quem detém o poder e a última palavra sobre si própria. Em tal contexto, o encontro entre psicoterapeuta e cliente tem de ser um *encontro existencial*, baseado na relação e não apenas num confronto mais ou menos criativo, e talvez espontâneo, entre técnico e cliente, entre médico e paciente. Encontro existencial significa encontro real entre duas pessoas, numa relação paritária, em que ambos estão sob uma única luz: o fato de estar e de ser no mundo, numa tentativa de compreender, de experienciar, de reavaliar, de fortalecer, de singularizar o que significa, de fato, existir.

Desejamos recuperar a integridade do ser humano, desejamos fortalecer seu movimento interno para a harmonia, lutando contra toda forma de dicotomia.

Estamos falando de uma totalidade própria do ente, própria de cada pessoa, estamos falando do modo singular que cada um ocupa no mundo. Embora conservando minha individualidade, eu me relaciono com a realidade como um todo, eu estou nela, ela está em mim. Embora eu escolha partes, movimentos deste todo para ser o meu todo, estou sempre em relação com um todo restante meu, mas que não é meu, em termos de consciência. Agora, por exemplo, que eu escrevo, estou na minha cadeira, estou na Colina – UnB, estou em Brasília etc., etc. Toda divisão, todo seccionamento é precário e impróprio. Na verdade, eu, sendo tudo o que sou, sou totalmente em cada um destes lugares, embora experienciando relações existenciais diferentes. O fato de me encontrar geograficamente em diversos lugares, ao mesmo tempo, de ângulos diferentes, cria um sistema de relação no aqui e agora que induz a comportamentos que transcendem as exigências de apenas um destes lugares.

Trata-se de uma dimensão específica do ser no ser maior e que exige, em termos filosóficos e práticos, um conceito de totalidade para que não se fragmente a relação e, sobretudo, no nosso caso, o discurso psicoterapêutico. As relações que estabeleço com os lugares diferenciados em que me encontro são óbvias. Existem coisas que posso fazer agora estando *em minha sala de aula*, mas que já não poderia fazer porque essa sala está em uma universidade que tem exigências maiores que aquelas de uma sala de aula. Isto significa que a relação da pessoa com o aqui e agora é limitada pela relação da pessoa com o mundo. Tal reflexão nos ajudará posteriormente na definição do conceito de limite, tão importante em Gestalt-terapia.

Esta visão unitária do ser como-um-todo no mundo e do mundo como-um-todo no ser cria um sentido de convergência e de divergência, faz fluir da realidade maior esta realidade menor, numa relação harmoniosa de sucessão de figura e fundo, onde as necessidades pessoais ou os desejos surgem com a nitidez ou com a opacidade própria dos movimentos humanos de identificação da realidade presente.

O existencialismo tenta e procura o valor e o significado do homem. O homem é e deveria ser a grande preocupação do homem. Isto é possível na razão em que exista um desvelamento do ser, na linguagem de Heidegger. Ao se desvelar, o homem se conhece e, desvelando-se a si próprio, ele pode compreender o outro. Através do "conhece-te a ti mesmo", este desvelamento acontece e se transforma numa fonte informativa e criadora do ser humano. Para tanto, ele deve ser visto como um ser concreto, individual, com formas próprias. Este homem é este homem, ele é só ele, ninguém o pode repetir. Esta individualidade é básica para o existencialismo. Longe de ser a expressão máxima de um egoísmo doentio, ela é uma proposta severa de assumir-se totalmente na liberdade responsável. Este apelo ao "conhecer-se" profundamente não é uma proposta intelectual, mas conhecer-se na relação com o mundo e consigo próprio, de modo que o homem possa dar respostas diferenciadas entre suas necessidades e as exigências que vêm de fora.

Do ponto de vista da Gestalt-terapia, este "conhece-te" tem de ser operacionalizado, isto significa, entre outras coisas, sair, abandonar qualquer forma de resistência, como processo perturbador da individualidade. Tornar-se indivíduo, do nosso ponto de vista, significa realizar-se em plenitude, significa abandonar o que de estranho existe em nós, à procura do eu real. Não significa desconhecer, ignorar o mundo, mas, ao contrário, significa conviver com ele na individualidade consciente. Eu sou eu, uma rosa é uma rosa.

A existência é o todo. Lidar existencialmente com o todo significa estar atento aos apelos internos que dele promanam, às contradições nele existentes, às mudanças do dentro-fora-dentro da realidade. Esta visão empresta um sentido todo especial à nossa proposta de entender o processo psicoterapêutico a partir de um conceito de homem, como algo real, coisificado na existência através de uma história individual.

Desvelar-se na realidade individual significa prestar atenção à pessoa tal qual ela se mostra, dentro de seus limites, de suas fronteiras, dentro do sistema de contato que ela estabeleceu com o mundo. Psicoterapia é sempre uma psicoterapia da realidade.

A pessoa, nesta visão de ser concreto, individual, e, ao mesmo tempo, sujeito de um processo psicoterapêutico, deve ser vista em toda a sua limitação e em toda a sua plenitude. Assim como o mundo a influencia, ela influencia o mundo. Esta visão ampla cria uma visão mais ampla ainda do que é estar no mundo em relação com. O psicoterapeuta deve se ver e ver seu cliente em meio a toda esta complexidade, porque, só assim, a relação se faz inteligível e pode ser agente de transformação. Nesta dimensão tudo no ser tem e adquire significado e está presente no processo psicoterapêutico, criando relação qualitativamente diferente de um para outro cliente.

O homem passa a ser considerado como um ser privilegiado, distinto de outros homens pela sua individualidade complexa e dinâmica, distinto e separado das demais coisas, enquanto entes que têm na sua estaticidade, não obstante um tipo de natureza que lhes é própria, sua característica permanente. Assim, como diz Heidegger, só o homem *existe*, enquanto modo característico de estar no mundo, ao passo que as coisas simplesmente são. As coisas não têm, como o homem, entendimento, sentimento, linguagem, que Heidegger chamou de *existentialia*.

Enquanto ser que existe, o homem é um ser de opção, podendo definir o que pretende ser. O homem paira acima das coisas materiais, não se confundindo com elas.

Ele é o *Dasein*, uma presença individual, diferenciada no mundo.

Diante deste apelo à individualidade consciente, Heidegger fala do homem autêntico como sendo aquele que distingue o humano do não humano, que age de acordo com seu entender, com sentimentos e linguagem próprios e não como alguém que obedece ordens que não lhe dizem respeito. Ele sai do "como se", do "se", do "dizem" para assumir sua liberdade de maneira coerente e lúcida. Ele busca em si e não nos outros as razões íntimas do seu agir. Ele foge da superficialidade, dos discursos inexpressivos, de hábitos e opiniões que não lhe dizem respeito, e não assume funções, trabalhos que não o ajudem a aprofundar a consciência de si próprio.

É importante que o homem não perca a singularidade de sua existência, porque, diferentemente de uma pedra, de uma rosa, ele pensa, sente e fala, mas não deve viver de pensamentos já pensados, conviver com sentimentos que lhe foram impostos e falar palavras que não são suas.

Estas reflexões nos conduzem ao conceito de projeto, também fundamental no existencialismo.

Existência, etimologicamente, vem de *ex-sistere:* começar a ser, vir de alguma coisa e, neste sentido, o homem é o único ser que pode sair de si para projetar a si mesmo, pode fazer um projeto de si próprio, ele próprio é um projeto, realizando-se.

O homem é uma existência porque ele é um projeto, isto é, o homem é um ser se fazendo. Daí a sua ambivalência no mundo, pois o projeto é algo que já existe, mas, sob outro aspecto, não existe, é nada. O projeto de uma casa existe como projeto, mas a casa não existe. A casa é feita a partir do projeto. O homem pode antecipar-se a si mesmo. O projeto é uma antecipação do que será. O homem é o único ser que tem a capacidade de cuidar do próprio ser, de se projetar, e é neste sentido que dizemos que ele é o único que existe.

Embora não queiramos entrar na discussão propriamente dita da antecedência da existência com relação à essência, que é a posição sartriana, não podemos deixá-la de lado, pois é necessária para a compreensão do que significa projeto, e, de outro lado, o conceito de projeto nos serve diretamente para uma maior compreensão do processo psicoterápico como procura da atualização da própria essência, ou seja, um instrumento a serviço do projeto.

Na visão sartriana, esta antecedência só tem sentido para o homem e não para as coisas, porque a essência do homem, ou seja, aquilo que o definirá e o caracterizará como homem é algo que ele conquista, rejeita, incorpora, dia a dia. Ele é um ser permanentemente a caminho, diferente da pedra, que é um ser estático. Neste sentido, poderemos dizer que o homem é um ser existindo permanentemente à procura da sua essência, do seu completar-se, que só se realiza na morte.

Neste esforço, só o homem existe, as demais coisas são. O homem não é como uma semente que traz em si sua própria autodeterminação, ela não pode não ser ela, o homem tem de criar-se diariamente, tem de descobrir-se, definindo-se dia após dia. Assim o homem nasce "nada" e vai se acrescentando de modo indefinido.

Ele nada mais é do que aquilo que ele decide ser, do que aquilo que projeta ser; sua essência surge como uma resultante de seus atos.

A execução deste projeto, de algum modo, é antevista pelas pessoas, que parecem caminhar na direção de algo, que não se sabe frequentemente o que é, mas que se sente como sendo "por aí".

O psicoterapeuta se torna um consultor deste projeto. Cada cliente é o seu próprio arquiteto e seu próprio calculista, com plena liberdade de mudar o seu projeto quando e como achar conveniente.

Este conceito básico de projeto nos remete ao próprio âmago da Gestalt-terapia, cuja proposta é de uma permanente luta no sentido de fechar situações, "projetos" inacabados. Na verdade, vivemos entre duas posições, uma que é aquilo que almejo, que projeto, meu eu ideal. A psicoterapia tenta fazer a ponte entre dois momentos existenciais.

Esta visão, ao mesmo tempo que é uma valorização do homem no mundo, individualizando-o não só como criatura, mas como pessoa, é também o início de sua procura, de sua busca, frequentemente acompanhada de angústia, de medo, de incerteza, da certeza da morte.

Estamos falando de uma liberdade básica, fundamental. Esta liberdade é a "pedra de tropeço" da existência. Tê-la e não tê-la, por vezes, se confundem. Sou livre para fazer o meu projeto, estou livre para executá-lo, porém entre ser livre e estar livre se interpõe toda a luta pelo poder pessoal. O homem, criador de si próprio e do mundo, para diante do mistério que é ele próprio. Ele é a sua esfinge...

O homem para Sartre é pura liberdade, tendo que escolher, a cada instante, o que será no instante seguinte.

Projeto e escolha estão diretamente ligados à noção de liberdade. É sendo livre que ele escolhe o que quer ser ou o que será. É o fato de poder fazer opções que constitui sua essência e lhe permite criar seus próprios valores. O homem é um ser diante da escolha, não há como não escolher e, se ele é totalmente livre para escolher, é também responsável por tudo que faz. "Não há desculpas para ele" diz Sartre.

> O sucesso ou o fracasso de seus atos são obra sua, não lhe é permitido culpar os outros ou as circunstâncias pelos seus erros. Livre, está vedada ao homem a autoindulgência. A liberdade não é uma qualidade que se acrescente às demais apresentadas pelo homem – ela é o que constitui o homem. A liberdade é o único fundamento do ser, afirma Sartre, repetindo as palavras de Descartes. (Penha, 1982, p. 65)

Liberdade significa capacidade de decidir sobre a própria vida, mas esta liberdade não é absoluta, porque ela tem de ser responsável, pois o homem vive num mundo concreto, que antecede a ele e que possui suas normas.

> Se a essência da liberdade é a escolha e se a liberdade é o fundamento de todos os valores, isso implica na [sic] sua defesa pelo homem. E, ao defender a liberdade, o homem reconhece seu caráter universal, pois ao defendê-la, faz para si e para todos os homens. (Penha, 1982, p. 65)

O existencialismo é assim uma moral de ação e um verdadeiro humanismo.

Logo, o homem cria o próprio mundo e, ao fazer isso, realiza suas próprias potencialidades, ou seja, o mundo existe para uma dada pessoa como sua própria descoberta do mundo.

Assim se cria também outra fonte de angústia: o homem se escolhe sem experiências prévias e, ao mesmo tempo, é por elas limitado. Ele é o único lugar no universo que tem a capacidade de conhecer e cuidar do próprio ser.

Sartre afirma que o existencialismo não visa levar o homem ao desespero, mas sim que o homem, através de sua subjetividade, deste olhar de dentro para fora, se impede de se tornar objeto, coisa como as coisas.

No entanto, diz Sartre, o homem é angústia, pois, sendo livre e como tal se reconhecendo, passa também a ser um legislador de si e dos outros. De outro lado, deve fazer tudo sozinho, pois ninguém pode, de fato, executar seu projeto para ele; ele é o criador responsável de si próprio. "Sozinho e sem desculpas, o homem está condenado a ser livre", diz Sartre.

Todavia, continua ele, seu desespero é ativo, obrigando o homem a agir, pois ele não é gerado por interesses preexistentes, mas deve criá-los dia após dia. O que o existencialismo espera é que o homem não viva se debatendo contra a verdade, mas que possa encará-la diretamente, ainda que isto seja difícil.

No Ser, fundamento último, absoluto e original, se apoia o ente que, revelando-se, objetiva o mundo dimensional e mensurável das coisas e da experiência. Em outras palavras, o Ser fundamenta o ente e o ente se apoia no Ser, o que se verifica pela *a-létheia*, des-ocultação e ocultação, pois cada descobrimento do Ser (*a-létheia*) implica no [sic] seu encobrimento (*léthe*): "O ser se esconde, enquanto se revela ao ente", lembra-nos Heidegger. (Bastos, 1982)

Este desocultar-se para criar-se, esta busca permanente do concreto, do real e da realidade que são pontos importantes na doutrina existencialista são também uma preocupação constante na Gestalt-terapia.

Lidar criativamente, sem imposições de dentro ou de fora, na relação com o concreto, com o singular, direcionada por um aqui e agora que se define no tempo e no espaço e se amplia nos limites de cada um tornou-se uma norma importante para a Gestalt-terapia.

Esta busca permanente do "que", do "como", do "para que" é a permanente necessidade de sentir e de individualizar o existente, de penetrar fenomenologicamente na intimidade do mistério do ser.

As reflexões anteriores nos levam, ainda, sob o ponto de vista da psicoterapia existencial-fenomenológica, a ulteriores considerações.

Se o homem é um projeto, um ser se fazendo, se antecipando, decidindo ser o que, de certa maneira, já é, podemos nos perguntar qual é a função da psicoterapia, pois a pessoa, possuidora de uma quase liberdade total, mas limitada pelo dia a dia, entra na sua onipotência de desejos, de planificações, trazendo ao mesmo tempo no seu bojo o desespero de sua limitação.

De outro lado, a ideia do projeto, se ligada àquela da consumação do agir, introduz um elemento que, em termos culturais, nos leva a uma visão bastante coerente entre as três posições ora estudadas e a uma visão da essência da psicoterapia.

A função da psicoterapia, a partir destas três ideias: projeto, escolha do agir e liberdade é: levar o cliente a tomar consciência do seu projeto, do modo como o projeto vem sendo realizado e de como levá-lo avante, com base em sua realidade pessoal, em sua relação com o mundo. Consumar, como diz Heidegger, é desdobrar alguma coisa até a plenitude de sua essência: levá-la à plenitude. A psicoterapia é um encontro cuja finalidade é ajudar o cliente a se desdobrar, pedacinho por pedacinho, até que ele "veja" sua essência consumada, ou seja, até que ele possa identificar e experienciar o conceito de si próprio, seus desejos etc. com sua própria realidade.

Psicoterapia é um permanente processo de busca, de procura, de compreensão e aceitação dinâmica da própria realidade.

Karl Jaspers dizia que o homem é uma cifra que precisa ser interpretada. A consciência de si próprio é o início de toda interpretação, sem a qual o ser não pode atingir-se como alvo que se autocompreende.

Esta nos parece uma das funções da psicoterapia existencial, fazer que o homem se interprete, encontre seu próprio lugar no mundo, como dizia Kierkegaard: "O homem não pode viver sem sentido".

O processo psicoterapêutico é uma pergunta que vai tendo resposta a partir do momento em que o projeto existencial se torna mais compreensível, na razão em que as figuras vão se configurando ou as Gestalten vão se fechando.

Quando o homem aprende a se interrogar, ele pode interrogar os outros ou sobre os outros, pode fazer uma interrogação mais ampla acerca do ser, no qual ele ocupa um lugar privilegiado.

Percorrendo caminhos nunca andados, tentando descobrir na opacidade do mistério, do ser, uma luz que o ilumine, o homem se redescobre e se prepara para ver, sob uma luz mais intensa, filigranas suas e dos outros.

Esta visão do homem se esconde e se revela, ao mesmo tempo, na filosofia existencialista. Assim como uma teoria filosófica conduz quase sempre a uma proposta política de vida, assim atrás de toda psicoterapia se esconde uma filosofia do homem. Neste sentido, tanto a proposta gestaltista como a existencialista se encontram e se irmanam no sentido de privilegiar o homem como ser que se possui, como ser livre e responsável. Para ambos o homem é o senhor de si próprio, dele resultando a conveniência ou não de seu próprio caminho.

Queremos, de novo, reafirmar que o existencialismo, nas suas linhas gerais, envolve um empenho concreto com a realidade, aqui e agora, presente. Ele nos oferece pressupostos para um método analítico-reflexivo que nos permite analisar fenomenologicamente a existência. Ele põe no centro das coisas o homem, o ser humano e o valoriza assim como ele é, o analisa reflexivamente através de sua existência concreta e o vê realizando-se sob o influxo da decisão livre.

No espírito da Gestalt-terapia, que aqui tomamos como modelo de uma psicoterapia existencial-fenomenológica, encontramos as mesmas preocupações através de conceitos que serão posteriormente apresentados e aprofundados, ressaltando, de uma maneira geral, a crença no homem, aqui e agora presente, capaz de tornar-se cada vez mais consciente de si próprio, a partir da experiência vivida agora e da certeza de sua extensão para depois, dentro de uma visão holística do homem como homem e dele como ser no mundo.

O *agora* do ser nos indica frequentemente caminhos de como se está no mundo de uma maneira geral. Sabendo olhar o presente e como ele acontece, podemos ter pistas claras de como alguém atua no mundo e perfaz seu projeto existencial. O agora do ser-aí funciona à maneira de círculos concêntricos, onde, pela periferia das coisas, uma se comunica com a outra, generalizando e tornando evidentes situações, modos de ser e de estar que pertencem também a outras camadas, mas que só aparecem claras, aqui e agora, quando algo, transformado em figura, também se transforma em centro de tensão numa estrutura maior e mais complexa.

Depois dessas considerações, fica fácil compreender como a Gestalt-terapia se fundamenta numa visão específica da existência. Ela é e faz um apelo constante à liberdade humana, à individualidade, à responsabilidade pessoal e coerente. Ela vai além dos sentimentos de massa, dos valores introjetados e não assumidos. Como o existencialista, também o gestaltista é uma pessoa incomodada e que incomoda, porque ambos vivem e possuem mensagens diretas, desinteressadas, descompromissadas. Como para o existencialista, também o gestaltista é a figura que se nega a submergir inconscientemente no mundo que a cerca. Ele é, antes de tudo, um responsável por si mesmo. Sem ser um isolado, um egoísta, ele é alguém que, amando-se antes de qualquer outro, aprendeu que seu amor por si mesmo se transforma na sua própria medida de amar os outros.

Nada melhor que a oração de Fritz Perls (1976, p. 17) para expressar esta postura existencialista:

> Eu faço minhas coisas, você faz as suas.
> Não estou neste mundo para viver de
> acordo com suas expectativas,

E você não está neste mundo para viver
de acordo com as minhas.
Você é você e eu sou eu
E se, por acaso, nos encontrarmos, é lindo
Se não, nada há a fazer.

GESTALT-TERAPIA E FENOMENOLOGIA

Fenomenologia é o terceiro momento de nossa reflexão filosófica, na procura da compreensão do que Perls dizia quando afirmava que Gestalt-terapia é baseada em uma abordagem fenomenológica.

Este é o momento mais árduo de nossa reflexão.

Fenomenologia é uma filosofia, é uma metodologia, implica uma específica visão do mundo.

A tarefa de buscar na fenomenologia suporte, princípios e pressupostos para uma melhor compreensão da Gestalt-terapia como uma filosofia, como um processo, uma técnica, um modo de se expressar e ver o mundo é, sem dúvida alguma, a essência de todo um processo de compreensão de nossa proposta.

Estamos conscientes de que nossa aproximação com a fenomenologia será analógica, por extensão, como que, por vezes, pedindo desculpas por usá-la à busca da compreensão de um processo psicoterapêutico.

De outro lado, como um método de compreensão da realidade, nada melhor que a fenomenologia para nos ajudar a ler, a descrever e a interpretar o que para nós, psicoterapeutas, está presente.

Fenômeno é uma palavra grega derivada de um verbo que significa "manifestar-se, aparecer". Podemos, portanto, definir etimologicamente fenômeno como aquilo que aparece, como aquilo que é aparente na coisa ou a aparência da coisa.

Heidegger, estudando a relação existente entre palavras gregas cujo significado em português é "manifestar-se" e "fenômeno", relacionou-as a outras palavras gregas cuja raiz significa "luz".

> Assim, o fenômeno é o que se revela ou se faz patente por si mesmo; revelar-se só é possível 'a uma luz', de outro modo, não poderia 'ver-se'. O fenômeno é, pois, o que se revela por si mesmo na sua luz. ("Fenômeno", Enciclopédia luso--brasileira da cultura, 1970, p. 559-60)

Tais considerações nos levam ao processo da análise intencional que faz que nos detenhamos diante da realidade em um duplo movimento, da realidade em si da qual pouco ou nada sabemos e da realidade como chega à nossa mente, como em nós ela é representada e da qual também, de fato, pouco ou nada sabemos. De certa forma, uma casa, por exemplo, não tem realidade nem na consciência, nem fora dela, mas o seu modo de existência vai depender da maneira como a consciência a apreende, a encontra, a visa, do modo como ela lhe dá sentido.

Sendo assim, temos de partir das coisas mesmas, temos de chegar às coisas mesmas, como dizia Husserl, isto é, da casa--enquanto-percebida, ou seja, de uma vivência original, a partir da qual chegamos a conceber uma casa representada.

> Se o objeto é sempre um objeto-para-uma-consciência, ele não será jamais objeto em si, mas objeto-percebido, ou objeto-pensado, rememorado, imaginado etc. A análise intencional vai nos obrigar assim a conceber a relação entre a consciência e o objeto sob uma forma que poderá parecer estranha ao senso comum. Consciência e objeto não são, com efeito, duas entidades separadas na natureza que se trata, em seguida, de pôr em relação, mas consciência e objeto se definem respectivamente a partir desta *correlação* que lhes é, de alguma maneira, co-original. Se a consciência é sempre

"consciência *de* alguma coisa" e se objeto é sempre "objeto para consciência", é inconcebível que possamos sair desta correlação, já que, fora dela, não existiria nem consciência nem objeto. Assim se encontra delimitado o campo da análise da fenomenologia: ela deve elucidar a essência desta correlação na qual não somente aparece tal ou qual objeto, mas se entende o mundo inteiro. (Dartigues, 1973, p. 26)

O estudo desta correlação no campo da consciência levou Husserl a definir fenomenologia como "a ciência descritiva das essências da consciência e seus atos", "uma vez que a correlação sujeito-objeto só se dá na intuição originária *(Erlebnis)* da consciência".

Não se trata de uma sumária descrição da realidade, pois a consciência é muito mais ampla do que ela própria, "nela nós percebemos a essência daquilo que ela não é, o sentido mesmo do mundo em direção ao qual ela não cessa de 'explodir' *(éclater)*, como dirá Sartre" (Dartigues, 1973, p. 26).

Daí a necessidade da solução fenomenológica para que nos possamos situar entre as coisas em si e sua representação, ou seja, a busca daquela transcendentalidade que a percepção das essências confere à consciência.

Este retorno às coisas mesmas, este encontro com a realidade mundana tal qual se apresenta a nós, a coisa percebida em si própria, vista e sentida antes de todo conhecimento, sem a sua contaminação, a coisa reduzida a si própria, é fundamental à compreensão do fenômeno. Assim a fenomenologia passa também a ser o estudo da constituição do mundo na consciência, pois é preciso remontar pela intuição, na consciência, até a origem do sentido de tudo que é.

O fenômeno, porém, não pode e não deve ser considerado independentemente das experiências concretas de cada sujeito.

Estas reflexões colocam o nosso leitor na antessala da compreensão global de toda uma situação constante e habitual na procura da compreensão do significado da realidade.

A análise fenomenológica nos coloca como psicólogos e psicoterapeutas diante da procura daquele dado "de antemão" que precede qualquer reflexão científica.

Como é difícil estar diante das coisas (pessoas, fatos) sem nos misturarmos com elas! Como é difícil esta postura de observador, que se coloca a distância, para poder ver melhor! O que significa ir "às coisas mesmas", quando estamos diante de um cliente? O que significa "reduzir", para encontrar a essência mesma do que se procura? No entanto, se não "reduzirmos", terminamos fazendo terapia de nós mesmos e não de nossos clientes. Reduzir, *aqui*, significa encontrar-se com o cliente nele, com ele, através dele. Significa encontrar, intuir tudo que ele é em si, sem nenhuma mistura de nada daquilo que nós somos. Significa perceber-lhe a essência e com ela familiarizar-se, significa descobrir-lhe a totalidade e concomitantemente descobrir o sistema de correlação que minha consciência estabelece com ele. Significa, enfim, chegar à sua essência.

O fenômeno, nesta dimensão, deixa de ser uma coisa, um fato, um objeto e passa a ser um modo de existir, uma maneira de escolher e compreender, pois, como diz Sartre (1969, p. 14), "existir é sempre assumir o seu ser, isto é, ser responsável por ele em lugar de recebê-lo de fora como é o caso de uma pedra".

A simples análise dos fatos e das coisas nos pode fornecer uma série de informações, mas dificilmente nos conduzirá ao coração do fenômeno, porque os fenômenos são reações ou modos de reagir do homem com relação ao mundo. Uma mesma coisa nunca é vista como idêntica por pessoas diferentes. Temos de remontar à origem, a uma consciência transcendental e constitutiva, como diz Sartre, para que a significação de um fato psíquico possa ser apreendida na sua essência, na sua totalidade.

É somente ao remontarmos em direção a esta fonte que perceberemos a *significação* de um fato psíquico, por exemplo, uma emoção, isto é, em que esta emoção é uma maneira de existir, em que ela é a realidade humana que se assume a si mesma e se dirige comovida em direção ao mundo. (Sartre, 1969, p. 15)

Desse modo, não se trata de uma simples descrição das aparências (a emoção é isto ou aquilo, está assim ou assim), o que seria um simples fenomenismo e sobre o qual não nos poderíamos pronunciar.

Não se pode separar o fenômeno do ser. É o ser do fenômeno que interessa à fenomenologia. A ela interessa o ser que se dá no fenômeno, por isso não há como estudar o fenômeno sem estudar o ser. Por isso não basta compreender a partir da existência, mas é a própria existência, é a existência em si que está em jogo. Não é só este ser, mas o ser em geral que está sob nossa preocupação.

De novo, aqui, o psicólogo e psicoterapeuta param, refletem e recebem lições de extrema importância da fenomenologia.

Estou pensando, especificamente, em certos trabalhos de corpo ou com o corpo, cujo gestaltista pode reduzir-se a um simples fenomenista, isto é lidar com o que acontece, com as aparências de uma emoção, por exemplo, sem colocar este fenômeno dentro de um ser maior, sem perceber o sentido existencial daquela emoção com o restante da totalidade do cliente. Trata-se de uma ação sobre a aparência da aparência.

Assim como a fenomenologia, a ação psicoterapêutica não pode ser uma simples descrição do que se vê, mas uma interrogação do todo que aparece, "não se trata de um espetáculo a ver, mas de um texto a compreender".

Fazer Gestalt-terapia significa estar à cata dessa correlação objeto-consciência, dessa existência que, em última análise, é um nascimento novo que surge quando se chega, de fato, às coisas mesmas.

O fenômeno, portanto, não chega a nós independentemente de nós, ou seja, a interpretação do fenômeno na sua natureza é e pode ser diversa, pois existe em todo fenômeno um sentido relacional entre a coisa em si e a sua percepção por parte de outro, ou seja, a coisa em si não é percebida em si identicamente de pessoa para pessoa, embora o fenômeno em si seja ele próprio.

> Para Hegel, o fenômeno é o segundo momento da categoria da essência, sendo o primeiro o fundamento e o terceiro a realidade. O caráter da essência é o refletir-se; o fundamento da essência é a reflexão em si, e a reflexão em outro é o fenômeno ou o manifestar-se da essência. Por outro lado, como a essência é precisamente o que existe, a existência é o fenômeno. O fenômeno não é um aparecer subjetivo distinto de uma essência ou número incognoscível, como para Kant; é o próprio manifestar-se objetivo da essência, possui um valor objetivo. A realidade, última categoria da essência, é a essência revelada exteriormente no fenômeno. ("Fenômeno", 1970, p. 561)

Quando mencionamos fenômeno, podemos dizer que o homem em si é um fenômeno, sem dúvida o mais complexo, aquele em que o manifestar-se da consciência percorre caminhos de difícil acesso, pois o fenômeno homem se revela lentamente. Quanto mais ele se desnuda, mais ele vem, se aproxima de uma determinada luz, mais ele está em contato com sua realidade, com sua essência. Neste sentido, dizemos que a psicoterapia age com e através do fenômeno, como uma realidade objetiva, existente em si e não projetada, colhendo pacientemente as parcelas com as quais o fenômeno se vai revelando até que o ser-aí do fenômeno se revele em toda a sua luz e se "veja" a essência do cliente através de sua manifestação fenomênica. O processo psicoterapêutico deverá pensar no consumar da essência humana levando o homem à sua real humanização, ou seja, à sua humanização *no* mundo. O processo é aquele de fazer o fenômeno vir à luz, tornar-se claro para ele, de tal modo que, percorrido o caminho da compreensão do fenômeno que este ser-aí é, se tenha também chegado à sua essência, ao modo como ele e *só* ele está *no* mundo. Levá-lo à plenitude de sua essência não significa endeusá-lo, mas fazê-lo tomar posse daquilo que, de fato, o caracteriza como ser no mundo, que o individualiza e o formaliza.

Ampliando nossa busca de compreensão, Husserl propõe que se faça uma redução fenomenológica entre a existência de toda vivência e a própria subjetividade do eu vivencial. O fenômeno, diz ele, é um dado absoluto e, nesse sentido, o fenômeno pode ser visto como expressão de uma essência que pode ser, objetivamente, estudada por mim; na compreensão deste fenômeno, entretanto, devo renunciar, como diz Husserl, ao que é meu, para me tornar mais livre nessa compreensão. Com outras palavras, existe uma analogia entre o fenômeno fora de mim e o modo como eu o vivencio; contudo, o fenômeno *lá* é essencialmente muito mais amplo do que a maneira como ele é experienciado *aqui*. É o fenômeno lá que se revela, ele traz em si um autoapelo de revelação para fora. Eu não preciso revelá-lo, preciso entender o modo como ele se oferece à revelação.

Logo, a fenomenologia busca captar a essência mesma das coisas e para isso ela procura descrever a experiência do modo como ela acontece e se processa. Para tanto é preciso, como diz Husserl, colocar a realidade entre parênteses, suspendendo todo e qualquer juízo. Não afirmar, nem negar, mas antes abandonar-se à compreensão é o modo de atingir a realidade, assim como ela é. Ao fazê-lo, estamos nos voltando às coisas mesmas, assim como são, como se apresentam, sem nenhum juízo *a priori*, estamos superando a oposição entre essência e aparência. Estamos fazendo uma redução fenomenológica.

Consciência e fenômeno não podem ser concebidos separadamente. Ao colocarmos, portanto, entre parênteses a realidade mundana, estamos conservando na consciência apenas aquilo que, de maneira nenhuma, pode ser negado, ou seja, algo que exista independentemente de todo ato da consciência.

Esta atitude natural, como diz Husserl, consiste em o homem se imaginar no mundo, como as demais coisas. Sua vida psíquica é uma realidade fragmentária do mundo como tantas outras. Estamos, portanto, diante de uma correlação consciência-mundo. É como se a consciência suspendesse sua crença na realidade do mundo exterior para se colocar ela mesma como consciência transcendental, condição de oposição deste mundo e doadora de seu sentido.

"A redução fenomenológica colocou em evidência a intencionalidade da consciência para a qual todo objeto do mundo, real ou ideal, remetia à camada primeira da vivência" (Dartigues, 1973, p. 91).

A redução fenomenológica põe em evidência o *ser no mundo*, o *ser em situação*, em função do qual o sujeito não é jamais puro sujeito, nem o mundo puro objeto. Ela nos coloca diretamente em contato com a existência, considerando, como já dissemos antes, que viver é existir, existência vista como anterior a toda reflexão.

Sou um campo, sou uma experiência. Um dia e de uma vez por todas, algo foi posto em marcha que, mesmo durante o sono, não pode mais deixar de ver ou de não ver, de sentir ou de não sentir, de sofrer ou de ser feliz, de pensar ou de repousar, numa palavra, de se explicar com o mundo. (Merleau-Ponty, 1971)

De certo modo, podemos dizer, ampliando Merleau-Ponty, que a existência foge ao domínio da consciência, enquanto é algo que nos persegue e, ao mesmo tempo, nos escapa. Ela é feita de uma totalidade simples irrepetível, absolutamente individualizada. Simples porque ela, simplesmente, é, sendo tudo que é. Entrar na existência é entrar na totalidade do ser.

Estas considerações nos levam a uma reflexão posterior, a uma pergunta de como nós gestaltistas podemos lidar com esta "totalidade reduzida", sem perdermos a relação consciência-mundo; como descobrir as implicações de atitude que visam captar uma totalidade essencial na multiplicidade de atitudes e comportamentos.

O conceito de intencionalidade, de que falaremos em seguida, pode nos ajudar a compreender como um objeto se constitui na consciência, para podermos agir sobre ele e com ele.

A *redução fenomenológica* é a busca do significado, que é a chegada da totalidade à minha consciência. É a totalidade que contém o significado. Esta totalidade é feita de momentos fenomenológicos: sensação, percepção, intuição (introversão – *insight*). O organismo sente recebendo, percebe (conteúdo de consciência) e fecha, reduz a realidade através da intuição. A intuição é um momento forte do encontro. É a chegada, é a descoberta, é o próprio manifestar-se da realidade toda à minha consciência. É o nascer da identidade, da individualidade de alguém à minha consciência.

Podemos aqui perguntar-nos de que modo estes momentos fenomênicos nos podem ajudar a compreender o processo psicoterápico enquanto uma relação de encontro, um revelar-se de uma totalidade.

Em termos de psicoterapia, tais reflexões nos levam a uma postura de paciência diante do fenômeno-cliente. Se se presta atenção ao cliente como um todo, ele se autorrevela, ou melhor, ele, *em si*, é uma autorrevelação permanente. Eu tenho de me postar diante dele e, a partir dele, descrevê-lo compreensivamente para mim e para ele próprio. O fenômeno, enquanto essência que se revela, é o ponto de encontro da *relação com*. É aí que cliente e psicoterapeuta se fazem inteligíveis um para o outro, é aí que se encontram como totalidade.

> Heidegger revela bem esta ligação ao considerar o fenômeno como puro e simples aparecer do ser em si, distinguindo-o da mera aparência. O fenômeno é o anúncio do ser, este, porém, mantém-se oculto e, assim, o fenômeno é o não manifestar-se ou o esconder-se do próprio ser. Neste caso, a noção de fenômeno já não se contrapõe à de "coisa em si"; o fenômeno é o em si da coisa no seu manifestar-se. Não constitui uma aparência da própria coisa, mas identifica-se com o seu ser. ("Fenômeno", 1970, p. 561)

Desvendar o fenômeno é, portanto, chegar à essência mesma das coisas. Esta intuição fenomênica, este chegar aos sentidos e à percepção tem muito a ver com todo um esforço que se faz em psicoterapia no sentido de não lidar com partes, com sintomas exclusivamente, mas com a relação entre o subtodo e a totalidade. O psicoterapeuta, neste caso, é o facilitador do fenômeno, enquanto anúncio do ser. O cliente, frequentemente, está em contato com o externo das coisas, tendo uma postura de ver o que está acontecendo. Mas ele não consegue perceber o seu ver, ou o ser do seu fenômeno. As aparências, muito mais que o fenômeno, escondem o ser. A psicoterapia separa aparência e fenômeno, procurando ir à essência mesma das coisas.

O psicoterapeuta, ao trabalhar com o *quê* e o *como*, está indo além das aparências e procurando um contato direto com o fenômeno. As manifestações externas de um cliente, por exemplo, um choro, uma emoção, suas palavras nos colocam a caminho do fenômeno, da revelação e manifestação do ser, do *quê* existencial, onde, de fato, estão as fobias, as necessidades, que são o objeto do trabalho psicoterapêutico.

Sartre distingue entre *fenômeno do ser e ser do fenômeno*. O fenômeno é o que se manifesta, ou seja, o fenômeno do ser se torna imediatamente acessível a nós por termos outra compreensão dele, porém "o fenômeno do ser não se reduz ao ser dos fenômenos, isto é, *aos existentes que nos aparecem*". O ser do fenômeno é muito mais amplo, mais complexo do que o fenômeno do ser. Podemos ainda dizer, parodiando Heidegger, que o fenômeno do ser mora no ser do fenômeno. Sartre fala da *transfenomenalidade do ser*. O que Sartre deseja é afastar uma visão simplória do fenômeno, como se o que eu vejo ou descrevo fosse, de fato, toda a realidade fenomenológica do presente. Assim como o fenômeno transcende à aparência, também o ser do fenômeno transcende o fenômeno do ser.

Digamos que o método fenomenológico nos conduz diretamente ao fenômeno do ser, que sem ser as aparências às quais ele transcende, nos revela, de imediato, a presença do ser individualizado, aqui e agora, por exemplo, João, com um problema concreto: uma fobia. Digamos que o psicoterapeuta está diante de um fenômeno: João, que, no caso, é o fenômeno do ser. Muito de João vai ser conhecido através de suas aparências, que nos vão ajudar a identificar o fenômeno João; mas como existe uma transfenomenalidade do ser, ou seja, o ser do fenômeno, para que João seja totalmente entendido ele tem de ser colocado também em uma ótica mais ampla e mais crítica, o ser do fenômeno.

Talvez possamos dizer: as aparências não nos enganam, apenas não nos dizem tudo, não nos revelam tudo.

Tais afirmações são um convite à humildade em psicoterapia, o que não significa um descrédito ou uma descrença nos sentidos: no que eu vejo, não existe só o que eu vejo, mas ali existe ou pode existir uma realidade que ultrapassa o ali e agora de minha percepção, isto é, eu estou diante do fenômeno do ser, mas talvez sem acesso ainda ao ser do fenômeno. Talvez pudéssemos dizer que o fenômeno do ser está para a figura assim como o ser do fenômeno está para o fundo. É o que Sartre ("Fenômeno", 1970, p. 561) diz: "O ser do fenômeno, embora coextensivo ao fenômeno, deve subtrair-se à condição fenomênica e ser transfenomênico!"

A fenomenologia é uma tentativa de clarificação da experiência humana. Tenta fundamentar a totalidade dos objetos possíveis, quaisquer que eles sejam: ideias, coisas, essências, mediante um contato direto das coisas com os modos vários de funcionamento da consciência, enquanto percebidos de uma maneira clara e distinta em si mesmos e na sua relação subjetiva com o sujeito que percebe. Esta consciência é intencional. *A intencionalidade é um movimento transcendente na direção do ser-aí, da coisa.* A coisa em si tem um significado que independe de minha intencionalidade; no entanto, a partir de mim, da minha consciência na relação com o ser fora do ser pensante, eu empresto conscientemente significado à coisa em si. É neste movimento que pode residir, de maneira sutil, toda a ambiguidade da relação de contato com o ser-aí. Os objetos, as coisas são elas próprias, têm um significado independente daqueles que eu, porventura, venha a dar-lhes. Eles gritam para serem reconhecidos como tal e se movimentar no sentido da melhor adequação entre eles e a mente, ou seja, eles postulam pela própria verdade, pela própria identidade. O homem, no entanto, define o ser e, ao fazê-lo, o caracteriza a partir de si próprio, por exemplo: homem é animal racional.

Não obstante todo o esforço do homem para definir essencialmente os seres, como, no caso, homem é definido como *animal racional*, resta muito para que se tenha acesso à plenitude da essência, pois, como diz Heidegger: onde ficou a *humanitas* na definição de homem? Na prática, isto significa que, por mais que lidemos com as aparências, com os modos de ser e de estar das pessoas no mundo, restará sempre muito e, às vezes, elementos essenciais para que se possa ter uma ideia compreensiva da realidade de alguém. A pessoa humana é a sua própria história. Ela se define se intencionalizando. No fundo, em algum lugar, em algum "alhures" de nós mesmos, sabemos quem somos e o que queremos. Por vezes, esta consciência é obnubilada pela força do interesse momentâneo, e o óbvio do nosso interesse agora nos faz perder o contato com nossa realidade maior, que é aquele lugar de onde nossa consciência adquire intencionalidade.

> A compreensão fenomenológica do mundo consiste em redescobrir a sua gênese intencional na consciência, tanto de um registro puramente intuitivo como descritivo. Existe, pois, um caráter intencional da consciência. ("Fenômeno", 1970, p. 564)

Tudo aquilo de que a consciência toma conhecimento de uma maneira intencional pode ser chamado de fenômeno e se torna uma significação para a consciência. O mundo, neste sentido, é um conjunto de significação e nós o vemos a partir de nosso próprio horizonte. As coisas, entretanto, não podem ser consideradas apenas em si próprias, segundo o seu modo natural de ser, mas

> é necessário reconquistar a autêntica natureza do objeto intencional e revelar a extensão ilegítima da estrutura de *ser-coisa* a todas as modalidades de *ser-consciente*, recuperando-se o autêntico estatuto da consciência e, portanto, a relação íntima do objeto ao "eu".
> [...]
> O processo utilizado por Husserl consiste na *redução eidética* que permite captarem-se as universalidades: unidades ideais significativas (objetos, significações) e na *redução fenomenológica*, mediante a qual a consciência se volve sobre si mesma e se revela como consciência transcendental. ("Fenômeno", 1970, p. 564)

Ampliando a relação intencional entre ação e fenômeno, podemos afirmar, na perspectiva do *self fenomenal* de Snygg e Combs que

> todo comportamento, sem exceção, está inteiramente em função do *campo fenomenológico*, onde o organismo atua. O campo fenomenológico consiste na totalidade de experiências das quais a pessoa toma consciência no momento da ação. Essa tomada de consciência pode variar de um nível mais baixo a um mais elevado, embora se presuma que nunca possa chegar a ser completamente inconsciente. (Hall e Lindzey, 1971, p. 512)

A fenomenologia tende a revelar aquilo que não se manifesta, tende a ir à essência mesma das coisas. O *significado* que se empresta às coisas não é necessariamente o desvendamento de sua essência, mas é importante ter consciência deste movimento do homem no momento em que ele, para compreender as coisas, lhes empresta um significado que parte de sua própria reflexão, vontade e consciência. Não é sem razão que se fala de um caráter intencional da consciência.

Tal postura nos leva à necessidade de uma reflexão constante, a um começar perpétuo, a um não ter apego à certeza e a não ver nada como definitivamente adquirido, a estar sempre à caça. E, neste sentido, fenomenologia é uma específica visão do mundo. Isto não significa a relativização do conhecimento ou da verdade de modo simplório, mas nos leva a uma concepção da verdade como algo que se realiza momentaneamente no aqui e agora. Tal visão implica a continuação analógica do ser e não uma sua identidade permanente. As coisas são e, em sendo, estão em contínua mudança. É o processo de vir-a-ser.

O ser se realiza dinamicamente no seu permanente vir-a-ser, no qual existe algo, acima desta transitoriedade, que nos permite identificá-lo como sendo ele mesmo.

O conceito de intencionalidade, fundamental em fenomenologia, se torna fundamental também à nossa reflexão. É através da intencionalidade que algo se faz, se constitui espontaneamente na consciência.

As coisas, ideias criam mais ou menos vida, são mais ou menos importantes na razão em que se relacionam com a consciência de maneira diferente. Conceitos e coisas passam a existir mais ou menos fortemente em mim na medida em que minha intenção os afeta. De certo modo, as coisas são criadas e mantidas pela minha consciência. A intencionalidade cria relação entre o sujeito e o objeto, entre o pensamento e o ser, entre o homem e o mundo.

A consciência é livre, é ativa, cabe a ela dar sentido (intenção) às coisas. Ela não é um mero depósito de imagens e representações de objetos que agiriam sobre os nossos sentidos. Não são os objetos do mundo exterior que criam as imagens na consciência, mas é ela que dá sentido ao que existe na realidade objetiva.

Como diz Husserl, a consciência é sempre consciência de alguma coisa. Isto significa que tudo o que se passa na nossa mente não ocorre no vazio, mas está sempre visando alguma coisa.

A consciência não está fundada na realidade, nem está contida no mundo das coisas. Ela simplesmente está no mundo, constantemente voltada para fora.

A consciência não é pré-feita, não está pré-fabricada, não está pronta. De certo modo ela é nada, o que lhe permite imaginar, transcender, criar coisas novas através da imaginação e até reconstituir a realidade quando ela não mais está presente. É este sentido de nada que fundamenta a característica da liberdade da consciência.

Estar consciente de algo, portanto, é ter refeito ou descoberto toda a linha da intencionalidade da relação sujeito-mundo.

Fazer apelo à consciência de alguém significa propor uma caminhada que vai do nada que a consciência é agora até uma infinitude de possibilidades que a intencionalidade pode encerrar.

Se existir é viver, viver é descobrir constantemente o sentido intencional da consciência.

É a intencionalidade que vai fazer que as ideias sejam vivências da consciência que se dão a nós e não simples fenômenos psíquicos ou fenômenos de consciência cujo estudo compete à psicologia.

Sendo a consciência consciência de alguma coisa, ela *só é* consciência quando voltada-para-um-objeto e, de outro lado, o objeto só pode ser definido em relação à consciência, se ele é um objeto-para-um-sujeito, que significa a existência intencional do objeto na consciência.

> Isto não quer dizer que o objeto está contido na consciência como dentro de uma caixa, mas que só tem sentido de objeto para uma consciência, que sua essência é sempre o termo de

uma virada de significação e que sem esta virada não se poderia falar de objeto, nem, portanto, de uma essência de objeto [...] Isto significa que as essências não têm existência alguma fora do ato da consciência que as visa e do modo sob o qual elas são apreendidas na intuição. Eis porque a fenomenologia, em vez de ser contemplação de um universo estético de essências eternas, vai se tornar a análise do dinamismo do espírito que dá aos objetos do mundo seu sentido. (Dartigues, 1973, p. 25)

Isto nos coloca diante de um paradoxo. De um lado, eu tenho coisas reais nos objetos: cores, tamanho, espessura; nas emoções: palpitações, suores que me atraem diretamente para a consideração do objeto em si e sobre o qual eu quero ou devo opinar; de outro lado, estes objetos não existem de fato na minha consciência, a não ser em forma de correlações, mas o objeto em si não se encontra na minha consciência.

Na verdade, o objeto só existe agora em nós, porque nós o percebemos. Esta certeza ou crença de que o objeto existe não é uma qualidade da árvore, por exemplo, mas um caráter do "noema" da percepção.

A realidade, a exterioridade, a existência do objeto percebido e o seu próprio caráter de objeto dependem das estruturas da consciência intencional, estruturas graças às quais a consciência ingênua vê como vê – portanto, aqui, como real, exterior e existente, mas sem saber que é graças a estas estruturas que ela o vê assim. (Dartigues, 1973, p. 30)

É preciso aprender a unir conceitos que estamos habituados a opor: a fenomenologia é uma filosofia da *intuição criadora*. A visão intelectual cria realmente seu objeto, não a simulação, a cópia, a imagem do objeto, mas o próprio objeto.

É a evidência, esta forma acabada de intencionalidade, que é constituidora. (Berger, 1941, p. 100)

Fazendo nossa transposição habitual e usando uma linguagem ingênua, estamos falando do modo como estabelecemos relações com o mundo que nos cerca: o que eu vejo é o que eu vejo? Até que ponto eu capto a realidade como ela é ou como penso que ela é? Até que ponto, através de minha intencionalidade, a realidade por mim criada se aproxima da realidade em si mesma?

Este é um problema fundamental para qualquer analista do comportamento humano, no sentido de que sua ação não seja um misturar de coisas e sim fruto de uma ida às coisas mesmas.

Para que o fenomenólogo possa perceber o fenômeno humano como uma realidade vivida, ele deve considerar a intencionalidade em um duplo movimento: como uma visada da consciência e como uma produção de um sentido.

Estamos à cata do que podemos chamar: compreensão do ser humano. Compreender aqui é intuir a intenção.

Eu não compreendo uma pedra quando apenas a decomponho física ou quimicamente. Eu não compreendo uma emoção quando conheço seu processo químico no organismo, mas a compreendo quando percebo sua forma, quando percebo sua significação no contexto em que surge. Vê-la exatamente como ela se apresenta "trai" a intenção que a provoca. Situá-la no meio humano em que surge e que lhe dá sentido é materializar nela a intenção que procuramos captar. Compreender uma emoção, portanto, significa captar o significado da intencionalidade do objeto do qual surge.

A emoção é um enigma-vestígio de uma intenção desaparecida.

> Compreender um comportamento humano é percebê-lo, por assim dizer, do interior, do ponto de vista da intenção que o

anima, logo, naquilo que o torna propriamente humano e o distingue de um movimento físico. (Dartigues, 1973, p. 53)

Se eu pudesse, como diz Husserl, entrar em contato de comunicação com qualquer ser não humano, eu lhe perceberia a intencionalidade. As coisas têm um apelo interno de autorrevelar-se, mas não têm intenção. O nosso contato com elas, portanto, será sempre de pessoa para coisa e nunca um contato realmente humano.

De outro lado, não basta a aparência imediata de uma pessoa ou comportamento para que eu a compreenda. Posso enganar-me quanto às minhas intenções, quanto às intenções dela e poderia acontecer uma atitude aparentemente neutra de intenção.

Nem sempre é fácil "reduzir" diante de uma complexidade que, revelando-se, também oculta a essência, mesmo das coisas ou ações. Como diz Dartigues (1973, p. 39):

> Se a consciência fosse pura transparência de si para si, se ela se contivesse toda inteira dentro do instante em que manifesta sua intuição, esta seria perfeitamente dominada e não lançaria coisas fora do momento em que a consciência a formula. Mas a vida psíquica antecede e excede a reflexão consciente, ela comporta formações antigas que lhe escapam e determinam sua visada, antes que ela tenha podido esclarecê-las, refletindo-as.

O homem, portanto, não obstante toda a sua capacidade de compreender, está impotente diante do mistério que todo ser encerra em si mesmo.

Eis porque Husserl distingue duas espécies de intencionalidade: uma *intencionalidade temática*, que é saber do objeto e saber deste saber sobre o objeto, e uma *intencionalidade ope-*

rante ou "em exercício", que é a visada do objeto em ato, ainda não refletida. (*Ibidem*, p. 54)

Este duplo momento do saber, o saber consciente e o saber não refletido, agora, é talvez o momento importante da intencionalidade, enquanto visada da consciência na direção da descoberta, da criação.

Temos de prolongar, aprofundar a investigação do fundamento da compreensão, indo além do *dado*, temos de ir além de uma mera visão da essência, mesmo da essência intencional da consciência, e chegar à *intenção* da análise intencional das estruturas da existência concreta, ou seja, temos de chegar à facticidade, ao próprio ser-aí.

Retornando novamente à nossa proposta, podemos dizer que o gestaltista, na busca constante da totalidade das coisas, esbarra, a cada instante, diante da opacidade própria de todo ser. Ele sabe o seu saber, mas não sabe se o seu saber é, naquela hora, o saber que está refletindo a realidade. Donde a postura fundamental do gestaltista é aquela de estar aberto à realidade, tentando colher nela todos os caminhos, todas as pistas que revelam sua intencionalidade interna.

Vejamos mais alguns aspectos da consciência na sua relação com o fenômeno e sua intencionalidade, lembrando que tanto o fenômeno como a intencionalidade existem no ser que pensa e no ser pensado (o cliente, no caso), porque ambos funcionam a partir de sua consciência intencional.

O *conceito da intencionalidade* da consciência na identificação do fenômeno nos leva a reflexões eminentemente práticas no campo da psicoterapia como uma extensão fenomenológica do processo de sentir, de perceber, de intuir. Existem pessoas que nunca estão onde estão. Elas dizem: "eu fiz isso, mas não queria fazer", "tenho vontade de fazer isto, mas não consigo", "lamento muito por ter feito isso", "se tivesse pensado um pouco mais, não teria feito isso". São todas formas de lidar ambiguamente com a consciência, de desviar o contato desta intencionalidade essencial que dizemos estar presente em qualquer ação e que, em consequência, nos faz responsáveis pelo que decidimos fazer.

A consciência é uma *totalidade indivisível*. O fenômeno é a totalidade consciente.

Conhecer partes da realidade não leva à consciência fenomenológica. Mesmo quando não se apreendeu toda a realidade e se pensa que se teve acesso à realidade toda, a consciência continua dividida entre a realidade e a fantasia. Quando se teve, entretanto, a sensação de se ter tido consciência de algo, esta consciência chega como uma totalidade indivisível. A apreensão da realidade do ponto de vista do observador é uma adequação à sua mente. A consciência, portanto, corresponde à verdade da coisa toda em si, ou seja, do fenômeno na sua totalidade.

A intencionalidade da consciência foi captada, ou seja, chegou-se àquele ponto em que certeza e verdade se confundem. Esta união, dificilmente atingível em termos de comportamento humano, é altamente desejável, enquanto agir, a partir da intencionalidade captada, significa diminuir os riscos de qualquer tipo de intervenção.

A consciência é um lugar onde coisas se processam, onde relações criam compreensão, onde eventos são ligados por relações de compreensão e não por eventos causais. Lugar significa um centro, um ponto de convergência onde as informações da realidade externa, combinando-se, encontram significado. A consciência não produz conhecimento, ela é o lugar onde as coisas, os eventos se fazem inteligíveis.

Estando ela no mundo, estabelece indefinidamente relações criativas com a realidade na qual ela se encontra e que ela "cria", dando sentido as coisas às quais ela "toca".

A consciência é uma totalidade significante na medida em que, se lançada, se integra com as coisas.

A consciência chega como um todo. É a totalidade e não as partes que geram a consciência da consciência. A consciência, quando ela é, é não apenas uma totalidade, mas totalidade significante. Não se pode ter consciência de uma realidade quando partes dessa realidade continuam fora da percepção, ou seja, ou se tem consciência ou não se tem. Ainda que precária, quando a consciência de algo acontece, este algo foi apreendido como um todo.

Essa totalidade significante tem a ver com a intencionalidade. A consciência é sempre intencional e *de* alguma coisa. Quando, pois, se toma consciência de algo, significa que a intencionalidade abrangeu os aspectos possíveis de ser integrados e compreendidos pela consciência.

A consciência se faz uma totalidade intencional, ao lançar-se para as coisas, sendo um movimento de dentro para fora. Quando se chega à consciência de algo, ela provoca uma energia própria de ação de atualização. Quando se tem consciência de algo, esta consciência passa a ser em função de algo. Se tenho consciência que determinada roupa me está bem, me está bem em função de alguma coisa. Quando se chega à totalidade, essa totalidade foi em função de uma intencionalidade nem sempre apreendida *a priori*.

Como podemos ver, tais reflexões têm estreita relação com todo um esforço para se compreender o processo psicoterapêutico como um movimento da consciência e de conscientização. Quando falamos de *continuum* de consciência, estamos frequentemente buscando a totalidade indivisível e significante das coisas, bem como a intencionalidade própria da liberdade dos seres humanos.

Nesse contexto, em psicoterapia de inspiração fenomenológica, situações como: o que trabalhar, por onde começar um trabalho, quando um trabalho "está pronto" estão em íntima relação com o problema da intencionalidade da consciência na compreensão do fenômeno humano.

As coisas, que parecem ser as mesmas, são diferentes. Às vezes, como diz Heidegger, a essência se revela exatamente onde a coisa parece ser menos clara, mais escura. A realidade, ao mesmo tempo que se evidencia, é também ambígua. O conhecimento, ao mesmo tempo que, sendo racional, se movimenta dentro de uma lógica formal na procura da verdade, é ambíguo, porque a percepção da coisa não é idêntica à percepção do ser da coisa.

Assim como o filósofo, o psicoterapeuta deve portar-se diante do fenômeno numa situação de escuta do ser, desvelando-se ao mesmo tempo que este também se desvela, recusando-se a instalar-se na verdade ou no seu sistema de verdades e certezas para compreender a realidade fora de si próprio. Tal postura tem muito a ver com o vazio fecundo, com o vazio criativo dos orientais e que tanto era recomendado por Perls, que dizia: "quando eu penso que sei, eu não sei nada, quando eu penso que não sei, aí começo a saber".

O ato psicoterapêutico se converte, então, em um ato criativo, numa busca a dois, se converte numa procura paciente de descrever, de compreender e analisar a realidade como vem ao meu encontro. O que se tem a fazer é abrir os braços e caminhar na sua direção, para poder, estando com ela e nela, vivenciá-la plenamente.

A fluidez, a espontaneidade, o não saber, o não determinar mas apenas o estar-com são elementos dessa atitude de escuta do ser, onde e por onde se consuma a essência.

O conhecimento é, então, um encontro com e, por isso, fica claro entender o homem como um ser *no* mundo *com*. O homem é um ser de relação.

O homem não conhece as coisas, ele se encontra com as coisas; não imponho um sentido às coisas, eu o encontro, sou chamado pelas coisas a esse encontro. Nós somos uma consciência engajada.

Ampliando ainda mais nosso discurso sobre a influência da fenomenologia sobre a psicoterapia, podemos dizer que esta se fundamenta na relação em que o encontro acontece, um encontro que não se predetermina verbal ou não verbalmente. Estou ali e ele acontece como acontece. Se eu não impedir que a relação se aprofunde, o encontro acontecerá infalivelmente. Não o meu encontrar ou o encontrar dele, mas o nosso encontro. Não predisponho, não determino o fenômeno, ele simplesmente é e tomo consciência dele e *com ele* estou e aconteço. Nós somos o fenômeno. Dessa forma, a psicoterapia fenomenológica é certamente um encontro. Ela não é um deixar acontecer anárquico, no qual todas as possibilidades são possíveis. Não basta descrever o fenômeno para se saber o que ele é. O contato com o seu próprio acontecer é que revela sua importância e significação. Esta significação se encontra na totalidade da relação.

Podemos afirmar, a partir de nossas premissas, que a fenomenologia é um modo de pensar o ser, é um modo de conhecer a existência, é uma glorificação da experiência humana.

O homem, bem como sua experiência humana, deve ser visto como um todo. Culturalmente, sempre se privilegiou o conhecimento, a inteligência e se descuidou do homem que é mais novo do que o mundo e do qual, até certo ponto, o próprio homem recebe significado. A ciência, apesar de tudo, continua ambígua. Somente o mundo visto e sentido como vivido, como experienciado nos pode dar respostas mais adequadas e menos ambíguas. O homem todo e tudo no homem são o objeto da fenomenologia. Isto significa acabar com a dicotomia mente e corpo e passar o predomínio à pessoa como um todo.

Foi compreendendo esta necessidade de fluidez na compreensão da totalidade e, ao mesmo tempo, esta ambivalência própria da percepção, que Perls insistiu muito nos perigos do pensamento. O pensar, além de ser fruto de complicados processos mentais no organismo, ao surgir, surge acompanhado de toda uma dimensão cultural, antropológica, "arquétipa", que o contamina inegavelmente. Daí a insistência de Perls em que o psicoterapeuta tenha também no seu corpo e no corpo do cliente uma fonte privilegiada de informação. O corpo que se deixa acontecer se transforma numa fonte infinita de informações globais.

Isto nos leva a uma visão mais aberta do processo psicoterapêutico como necessidade básica de autocompreensão, de autorregulação. O encontro deve ser baseado na espontaneidade, na fluidez, no presente, de tal modo que psicoterapeuta e cliente estejam numa postura de percepção crítica e real do mundo e de si próprios. Nenhuma forma de psicoterapia que desconsidere a realidade, a relação organismo e ambiente, pode, de fato, ser uma resposta adequada.

Estamos afirmando que a inteligência ou a percepção intelectual das coisas não é tudo na compreensão da realidade, sobretudo da realidade que envolve o relacionamento humano.

O sujeito é o melhor intérprete de sua própria realidade. Eu não posso analisar o outro por identidade e, às vezes, nem mesmo por analogia, a partir de minhas vivências. Ele é ele, eu sou eu. Nós somos uma totalidade viva.

Quando eu tento, de fato, captar esta realidade viva em alguém, eu não vejo nele os olhos, mas o olhar, não o contrair da face, mas o medo. A realidade física é um aviso de uma realidade maior e mais complexa.

Somente através de uma profunda empatia me será possível compreender estados que não experiencio e que talvez jamais tenha experimentado.

É verdade que frequentemente eu e meu cliente nos encontramos em tal grau de harmonia que parece que somos uma só pessoa. É preciso, no entanto, entender que isto só é possível se eu me mantiver a certa distância. Jamais a confluência produziria semelhante comunhão. Uma distância fenomenológica entre ele e eu é necessária para que a união aconteça.

Esta volta sobre a totalidade presente em oposição a um predomínio intelectual, a um primado do conhecimento, que vê, mas vê sozinho e não a dois, é fundamental na compreensão das vivências de outro.

A consciência não é consciência pura. A consciência é um estado de relação e em relação. Neste sentido ela é estrutural. Ela não impõe sentido às coisas. O sentido é um encontro, encontro entre duas realidades. A consciência pura funcionaria como uma pressão dogmática emprestando ou impingindo sentido à realidade e fazendo que esta funcionasse para responder às suas necessidades, até conceptuais.

A consciência pura se opõe à consciência fenomenológica que é uma consciência de relação, que não pré-determina a essência das coisas e com as coisas se faz entender, é um encontro, um lançar-se.

Husserl dizia: "a consciência é consciência de alguma coisa". Esta posição é o oposto do que poderíamos chamar de uma consciência platônica, ou seja, desligada da realidade.

A consciência é formada a partir da realidade e se torna tanto mais real e firme na razão em que é apreendida como ciência nos acontecimentos. Nesse sentido, fica mais clara ainda a relação intencionalidade e consciência de que falamos anteriormente.

Neste contexto, a noção de estrutura noético-noemática da consciência pode ajudar o gestaltista a estar diante da realidade sempre à procura daquela totalidade viva de que falamos antes.

Estamos falando da relação consciência-objeto-consciência, onde um não pode existir sem o outro e cuja compreensão só se faz através da correlação.

Se a consciência é sempre consciência *de* alguma coisa, o objeto será sempre objeto *para* a consciência.

Consequentemente, a noese (o pensar, ato de pensar, *cogitatio*) está em total correlação com o noema (o pensado, o correlato, *cogitatum*).

Na realidade a coisa percebida, qualquer que ela seja, só existe, enquanto percebida, como algo de nossa atividade perceptiva, cuja estrutura isolamos para poder ser compreendida.

Do nosso ponto de vista, dentro de uma transposição analógica, a nossa análise estrutural que supõe uma relação sujeito e objeto de maneira correlata e inevitável – por isso mesmo estrutural dentro deste contexto – coloca o gestaltista no dever de uma permanente escuta do ser, do fenômeno em que ele mesmo se inclui com seu cliente, de maneira paciente, espontânea e livre, sob pena de não captar, de não apreender nada da realidade que acontece ante os seus olhos e na qual ele está permanentemente envolvido.

A coerência fenomenológica não poderia ir a outro lugar, pois o homem é a expressão dele todo. Não há como dicotomizar, seja separando mente e corpo, sujeito e objeto, seja valorizando mais a um que a outro. A fenomenologia tenta recuperar o homem todo, prestando especial atenção ao seu corpo que é o visível do invisível, que é o tocável do intocável, que é o experimental do inexprimível.

As psicoterapias de inspiração fenomenológica atribuem especial atenção à relação organismo e ambiente, sabendo que tudo do homem ou com relação a ele tem significado. Nos pormenores se ocultam frequentemente as mensagens existenciais mais importantes de cada um. É preciso saber lê-las.

Perls falava da reabilitação do afetivo contra as investidas e exigências do intelecto.

Estamos entrando na era do corpo, considerando que: o corpo é a pessoa, a pessoa é o corpo. O corpo sentido, visto, olhado, tocado, pensado, o corpo todo em tudo. O corpo em todas as suas dimensões, onde quer que ele esteja, o que quer que ele faça, visto como um todo. Reabilitar o afetivo significa prestar mais atenção ao corpo, às suas exigências, às suas necessidades, significa, acima de tudo, amá-lo como corpo e na sua relação total com o mundo.

Não queremos com isto, dentro de uma reflexão fenomenológica, renunciar à objetividade científica, mas antes reintegrar o mundo da ciência ao mundo da vida.

O mundo da ciência se apresenta como um mundo sem vida e nós queremos falar de flores, de perfume, da beleza de uma manhã, falar e falar científica e fenomenologicamente, pois todo conhecimento, agora, foi antecedido por uma percepção sensível do mundo que fundamentou a própria ciência e também porque, se a ciência fala *deste* mundo, é porque ela se realiza *neste* mundo.

Isso significa um verdadeiro apelo a um tipo de presença no mundo, a estar neste mundo e a ser deste mundo de uma maneira participada, integrada, observada e crítica, a não predeterminar comportamentos e técnicas, mas, nesta relação harmoniosa de estar neste mundo e na consciência deste pertencer, deixar acontecer na realidade.

Queremos finalizar com uma última reflexão no sentido de entendermos a fenomenologia como uma ciência encarnada no tempo.

Nós só temos acesso às coisas agora; logo em seguida, embora essa coisa tenha algo em si que a mantém identificável, ela já é diferente de um momento antes.

Isso não quer dizer que o ser se oculte no fenômeno como em um em-si inacessível. Ao contrário, como diz Dartigues, no fenômeno a verdade aparece "em pessoa", já que ela e seu modo de aparição constituem uma só coisa.

O que não significa necessariamente que estamos sempre ante a evidência da verdade, pois o fenômeno, por vezes, não passa de uma simples aparência, ou, como diz Heidegger, a verdade pode revelar-se exatamente onde parece esconder-se.

> Com efeito, a consciência para a qual há presença e, portanto, evidência, é uma consciência submetida à temporalidade para a qual, portanto, o objeto presente se modifica incessantemente, confirmando ou infirmando a evidência na qual ele se dá a nós. (Dartigues, 1973, p. 84)

Assim é que posso estar diante de uma e única coisa, pessoa, ideia, sensação e ela vai se modificando diante de mim, conservando sempre sua identidade fundamental e original através da qual eu a distingo.

Uma emoção que estou trabalhando, por exemplo, se conserva ali, mas ora ela é tristeza, ora raiva, ora alegria, ora confusão. É o fenômeno se intencionalizando.

Devo estar atento a esta temporalidade da evidência, para que a verdade que ela revela e oculta ao mesmo tempo possa definir-se o mais claramente possível.

Sem dúvida, é sempre o mesmo objeto que está presente, mas numa presença que não é pontual, que se enriquece incessantemente com aspectos novos, como se o que houvesse para ser visto no objeto, para que ela me fosse dada na evidência, se dissimulasse na própria visão. (*Ibidem*)

Aproveitando da lúcida colocação de Dartigues (1973, p. 85) sobre a evidência, continuamos:

> Todavia, possuí-lo [um objeto qualquer] na evidência seria atualizar todas as suas virtualidades. Assim, uma percepção invoca outra, uma experiência invoca outra a tal ponto que a evidência aparece como um termo em direção ao qual tendemos sem jamais estarmos certos de tê-lo atingido plenamente. A evidência não nasce de uma única experiência, mas da síntese de uma infinidade de experiências concordantes. Paradoxalmente, é porque a evidência se funda sobre o dado imediato do objeto na experiência, o que permitiria crer que me encontro de imediato numa situação de evidência, que esta evidência é sempre precária e, de alguma maneira, apenas *presumida*, já que ela pode ser sempre, em princípio, desmentida por uma experiência ulterior.

A estas reflexões ampliadas ao campo da prudência psicoterapêutica pouco ou nada se tem a acrescentar.

Ela é toda um convite à prudência, à fluidez, à criatividade, qualidades que me ajudam a ver, descrever, interpretar a realidade a partir de uma correlação entre o sujeito e o objeto, e não apenas a partir de um pressuposto puramente intelectual e pessoal.

O homem é, portanto, um ser contingente e, como tal, ocupa um lugar não totalmente evidenciado no tempo e no espaço, embora, visto sob um outro ângulo, ele tenha em si um sentido atemporal e aespacial, ou seja, ele transcende, como membro da espécie, às expectativas e aos limites próprios da temporalidade e da especialidade. O que nos interessa, no entanto, é este homem, aqui situado e, como tal, capaz de se fazer a cada instante. O homem é um ser locado no tempo e no espaço. É inevitável que, na sua dimensão existencial, ele se preocupe em se compreender como um ser do presente.

Nós sabemos, através da prática psicoterapêutica, que grande parte dos problemas emocionais, afetivos, existenciais etc. fazem parte de um quadro onde passado e futuro são partes vividas, como se o presente não tivesse nenhuma responsabilidade.

Dizemos com Perls que só o presente existe e mesmo ele é extremamente contingente. O passado não existe mais e o futuro só existe no presente. Não há modo de falar de um ou de outro, a não ser no presente. É esta consciência fenomenológica do aqui e agora, deste estar se fazendo em cada instante, desta negação da relação entre causa e efeito de modo linear, da evitação do determinismo psicológico, que ilumina e orienta a postura fenomenológica e que embasa a teoria e a técnica psicoterapêuticas que estamos apresentando.

Dentro de nossa reflexão fenomenológica como suporte para uma compreensão mais aprofundada do processo psicoterapêutico numa linha gestáltica, resta-me, para finalizar, tecer rápidas considerações sobre o sentido ético do nosso trabalho.

O nosso trabalho é eminentemente ligado a uma escala de valores. Estamos lidando com comportamento humano, muitas vezes alterado em função das exigências do social, do cultural.

Se o bem e a virtude não podem reduzir-se à observância de leis universais, por ser a pessoa singular, cumpre, em cada caso, examinar a vocação especial da pessoa no contexto de sua realidade total.

Aqui se coloca o problema de como um valor continua valor, se se perde seu sentido de objetividade, de universalidade.

De outro lado, a consciência moral me fará discernir o meu bem do bem geral. Aquilo que é bom para mim é aquilo que faz realizar-me como pessoa, que é bom para a essência singular de minha pessoa.

Aquilo que é bom para que alguém se torne aquilo que é faz parte de um cosmos moral ao qual toda e qualquer atitude deve referir-se sob pena de não ser boa.

"O bem pessoal tem, pois, enquanto singular, um alcance universal; mas esta universalidade é a universalidade concreta das pessoas e não a universalidade abstrata dos princípios" (Dartigues, 1973, p. 144).

> Se a universalidade e a singularidade se respeitam mutuamente é porque elas se fundem concretamente sobre a *solidariedade* essencial das pessoas, o que Scheler chama *corresponsabilidade*. Esta significa que a realização de meu bem pessoal se repercute na realização do bem de outras pessoas, portanto, eu contribuo, ao buscar o que é melhor para mim, para a busca do bem de cada um. (*Ibidem*)

Dentro, portanto, de uma visão fenomenológica da moral, não existe lugar para um egoísmo simplista, tipo eu vivo o meu aqui e agora e os outros que se cuidem.

A psicoterapia gestáltica, calcada no aqui e agora, tem sido frequentemente acusada desta visão radical e simplista do comportamento humano e a Oração de Gestalt tem sido apresentada como modelo desta separação radical entre minha realidade e a que me cerca.

Descrever a realidade fenomênica, interpretá-la, buscar o íntimo e inegável das coisas através da redução, entender profundamente o que significa intencionalidade da consciência, significa lidar com o fenômeno comportamento como uma totalidade e fruto dela.

Estamos falando, no fundo, de uma solidariedade cuja forma mais sublime é o amor.

> Mas este amor de si nada tem de egoísta: discernir e querer meu bem singular, realizar minha vocação e salvação, só é possível, se, pelo mesmo movimento, amo a outrem em sua singularidade pessoal, portanto, no que é, ao mesmo tempo, sua vocação particular e nossa salvação comum. (*Ibidem*, p. 145)

Pensando de uma maneira simples e ingênua que o rosto, a face, o semblante são o ponto alto do encontro com outrem, que é através do semblante que os primeiros momentos se fazem significativos e que, de repente, o semblante é toda a pessoa, que é no rosto que vamos colher as primeiras informações de um encontro, que é ali que o fenômeno começa, que é o infinito do semblante que nos comove e que ele é "o espelho da semelhança dos seres que falam", que ele não é "uma forma entre formas do mundo, nem tampouco um relevo que meu olhar poderia percorrer sem escrúpulo", mas que é uma verdadeira epifania, para usar a expressão de Dartigues, finalizo com reflexões de E. Levinas, lembrando que o semblante não é uma significação, mas o significante por excelência que, exprimindo-se no face a face, torna toda palavra possível (*Ibidem*, p. 153).

"A manifestação do semblante é o primeiro discurso. Falar é, antes de qualquer coisa, essa maneira de vir de trás de sua aparência, de trás dessa forma, uma abertura na abertura" (Levinas, 1964, p. 143).

"Absolutamente presente em seu semblante, outrem – sem nenhuma metáfora – me faz face" (Levinas, 1967, p. 186).

Capítulo 3
TEORIAS DE BASE

PSICOLOGIA DA GESTALT

Depois da reflexão filosófica em que três sistemas foram apresentados, passamos, em seguida, a uma discussão mais ampla dos próprios princípios e conceitos da psicologia da Gestalt que deram origem à Gestalt-terapia e a fundamentam.

Sabemos que a psicologia da Gestalt, iniciada por Max Wertheimer, com Wolfgang Köhler e Kurt Koffka, dedicou-se sobretudo ao estudo da percepção, da aprendizagem e solução de problemas. Contemporaneamente, Kurt Lewin, com sua teoria do campo, e Kurt Goldstein, com sua teoria holística, perfizeram o quadro científico do qual Frederick Perls se utilizou para ampliar a psicologia da Gestalt, criando a Gestalt-terapia.

Nossa proposta agora é a exposição destes diversos sistemas, numa tentativa de síntese que exponha e clarifique o verdadeiro sentido da Gestalt-terapia. Abordaremos os diversos temas, já numa tentativa de aplicação à Gestalt-terapia e não numa mera repetição ou comentário destes mesmos temas sob o ponto de vista da psicologia da Gestalt.

Introduzindo conceitos gerais à nossa temática de conceitos específicos, faremos algumas considerações sobre o problema da aprendizagem e solução de problemas, intimamente ligados ao processo psicoterapêutico.

A psicologia da Gestalt vê o problema da percepção, da aprendizagem e solução de problemas como algo determinado pela realidade do campo visto como um todo. Quando existe problema em alguma destas três modalidades é que falta algo à verdadeira solução da situação. Torna-se então necessária uma reestruturação do campo perceptual.

Embora digamos que certas ações tanto podem ser definidas como aprendizagem ou solução de problemas, podemos também dizer que, na solução de problemas, já existem elementos anteriormente conhecidos, ao passo que a aprendizagem supõe aquisição de elementos novos.

Falar de percepção e, sobretudo, de aprendizagem e solução de problemas é dar um passo na compreensão de qualquer forma de psicoterapia como um processo que envolva ambas as situações. De fato, Perls foi buscar na psicologia da Gestalt sua proposta de aprendizagem e solução de problemas no que elas podem ajudar o cliente a aprender a solucionar seus problemas em um nível amplo, como seja o existencial.

Sabemos que a aprendizagem, como a solução de problemas, está em íntima relação com o processo psicoterapêutico. Quando alguém se torna um "doente" mental ou apresenta dificuldades existenciais, ele se encontra carente não só de novos elementos que enriqueçam sua aprendizagem, bem como não está sabendo utilizar elementos já presentes no acervo de modos de agir de seu comportamento.

Em ambos os casos, a ação psicoterapêutica deverá levá-lo a uma correção deste campo perceptual ou a uma reestruturação dele. Assim, quando alguém se sente "curado", podemos dizer que seu campo perceptual foi reestruturado, que boas figuras provocaram a reestruturação de seu campo total. Nesse caso, aconteceu uma aprendizagem e a solução de problemas se deu através de introvisões.

O cliente deve aprender a pensar em função de *todos*, de *inteiros*, sem se perder em detalhes. Nesta busca holística, erros são sempre possíveis, quando se procuram soluções reais. O cliente, no entanto, jamais deverá ser levado a dar passos às cegas, a cometer erros ruins, de onde nada de útil possa ser tirado. Um erro totalmente ruim, no processo de aprendizagem, não deixa margem para a procura de novas soluções. O erro "bom" pode orientar novas respostas.

Tanto em aprendizagem quanto em psicoterapia a pessoa deve aprender a descobrir o maior número possível de soluções, sempre, no entanto, dentro do princípio antes estabelecido de que a situação deve ser sempre vista como um todo, tanto pelo cliente quanto pelo psicoterapeuta.

É interessante observar que os gestaltistas, diferentemente de Thorndike, para quem a aprendizagem supõe um processo gradual de eliminação de erros, "acreditam que algumas espécies de aprendizagem exigem um único ensaio ou tentativa, sendo o desempenho facilmente repetido sem necessidade de prática mais extensa"... a aprendizagem é um processo que envolve introvisão *(insight)*. Poderíamos considerar a introvisão como uma súbita alteração do campo perceptual... quatro indicadores comportamentais de aprendizagem por introvisão são usualmente citados: a súbita transição da incapacidade para o domínio do problema; o desempenho rápido e desembaraçado, uma vez que o princípio correto tenha sido aprendido; a boa retenção; e o imediatismo com que a solução pode ser transferida para outras situações semelhantes, envolvendo o mesmo princípio (Marx e Hillix, 1978, p. 295-8).

A introvisão considerada como uma súbita alteração do campo perceptual nos coloca em contato com uma série de comportamentos novos, com uma nova aprendizagem que certos clientes demonstram, ficando o psicoterapeuta sem saber ou sem poder identificar o ponto onde e quando ocorreu a mudança. Na realidade, a prática clínica encerra casos de aprendizagem instantânea. O cliente saca sua realidade como um todo, ele se autopercebe como um todo no todo, fluindo de maneira criadora a relação dinâmica dentro-fora-dentro. Nestes casos, o que acontece é uma estruturação ou reestruturação do seu campo situacional como um todo. O segundo elemento se refere às quatro condições para que se dê uma aprendizagem por introvisão. Temos afirmado frequentemente que a psicoterapia é uma forma de aprendizagem. Nada mais importante que o psicoterapeuta ("ensinante") tente verificar até que ponto seu cliente ("aprendiz") recebe e percorre estas quatro etapas no seu processo psicoterapêutico. Como em aprendizagem, também em psicoterapia deve-se avaliar frequentemente o processo, porque, do contrário, corre-se o risco de ser ou de ficar uma coisa boa, gostosa, mas inútil.

Completando nossa reflexão anterior, o tema da percepção, tal como é visto pela psicologia da Gestalt, nos dá suporte para uma aplicação imediata de seus princípios a toda uma consideração teórica no que se refere à psicoterapia, sobretudo no que se refere ao modo como a percepção se estrutura.

Wertheimer propõe alguns princípios da organização da percepção. Deve ficar claro que, no seu contexto, ele falava da organização da percepção visual, das leis que regem os modos como os olhos percebem os objetos no espaço. São leis da visão.

Nós, aqui, queremos fazer uma transposição: passar estas leis que controlam a estruturação da visão física para os modos como as pessoas percebem a realidade que as circunda, em termos de comportamento. Aceito que esta passagem possa ser considerada arbitrária, sem um fundamento crítico, epistemológico. A esta minha transposição podem ser aplicadas as críticas que Hochberg e McAlister fizeram ao *status* destas leis sob o ponto de vista físico "embora tenham um grande valor heurístico, frequentemente dificultado pela sua formulação subjetiva e qualitativa".

Ainda que esta passagem possa ser considerada inadequada, estas leis serão muito úteis, analogicamente, sob o ponto de vista existencial e psicoterapêutico.

Partindo do princípio de que o homem é um todo integrado, que se relaciona com o universo como um todo no qual está, também ele, todo imerso, podemos afirmar que o modo como as pessoas veem fisicamente a realidade externa, geográfica, tem muito a ver com o modo como elas se relacionam com seu meio comportamental e psicológico. É aí que nos baseamos para semelhante transposição.

Os princípios que passamos a citar são um claro exemplo desta extensão existencial a que nos referimos. O estudo acurado destes princípios nos mostra sua utilidade para o fim a que nos propomos.

Princípios da organização da percepção de Wertheimer[2]:

---

2. As ilustrações das páginas 102, 103 e 119 foram reproduzidas do livro *Sistemas e teorias em psicologia*, de Melvin H. Marx e William A. Hillix, com autorização da editora Cultrix.

4. Proximidade: os elementos próximos no tempo e no espaço tendem a ser percebidos juntos.

5. Similaridade: sendo as outras condições iguais, os elementos semelhantes tendem a ser vistos como pertencentes à mesma estrutura.

6. Direção: tendemos a ver as figuras de maneira tal que a direção continue de modo fluido.

7. Disposição objetiva: quando vemos certo tipo de organização, continuamos a vê-lo, mesmo quando os fatores do estímulo que levaram à percepção original estão agora ausentes.

8. Destino comum: os elementos deslocados, de maneira semelhante, de um grupo maior tendem eles próprios, por sua vez, a ser agrupados.

9. Pragnanz: as figuras são vistas de um modo tão bom quanto possível, sob as condições de estímulo. A boa figura é uma figura estável (Marx e Hillix, 1978, p. 193-194).

Qualquer uma destas leis pode encontrar uma imediata aplicação tanto no processo de aprendizagem quanto no psicoterapêutico. Muitos exemplos poderiam surgir a partir destas leis, fornecidos pela prática clínica, pois, até certo ponto, estes são princípios orientadores do comportamento humano.

Todos estes princípios têm muito a ver com generalização da aprendizagem, da informação, de resultados de *insight*, da visão que as pessoas têm de si e do mundo. Eles nos avisam do que podemos fazer ou como agir, nos previnem de coisas que nós podemos fazer ou nos permitir ou aos outros.

Sua aplicação cuidadosa, prudente, à psicoterapia nos permite flexibilidade, espontaneidade, criatividade. Poderão orientar-nos frequentemente, indicando-nos o lugar onde nosso cliente está ou onde estamos com relação a ele, não só em termos de fantasia, como da realidade.

Esses princípios indicam tendências. Isto significa que, numa realidade presente *agora*, elas podem ou não estar atuando. Fazendo, por exemplo, a aplicação de que falamos antes, pelo princípio da similaridade, eu tenderia a ver um cliente manipulador como manipulador, ainda que agora ele estivesse falando em outro nível.

Deixamos de sugerir outras aplicações por considerar que, do ponto de vista da percepção, tais princípios registram uma realidade imediata, ao passo que do ponto de vista psicoterapêutico eles registram tendências, atitudes psicodinamicamente presentes, mas sem uma sequência factual tipo causa-efeito. A relação deve ser descoberta em cada caso.

Abordaremos, a seguir, alguns conceitos específicos da psicologia da Gestalt. Lembramos que estes conceitos não são estanques, não se esgotam por si mesmos, estão em íntima ligação com outros conceitos aos quais se vinculam, por assim dizer, pela periferia de si mesmos. Serão, portanto, reexaminados, em outra parte deste livro, sempre que se fizer necessária uma ampliação de sua compreensão (Koffka, 1975; Marx e Hillix, 1978).

O todo e a parte

O conceito de todo e de parte é fundamental para a compreensão da psicologia da Gestalt. A própria palavra Gestalt é mais bem traduzida como todo, inteiro, configuração. Estamos, assim, imersos em todos, em Gestalts, das quais, em níveis diferentes, tomamos maior ou menor consciência.

Existe um problema básico, de consequências práticas imediatas, que é a relação existente entre o todo e suas partes, no que se refere, sobretudo, às propriedades de um e do outro, à sua antecedência ou à sua contemporaneidade, ao modo como ambos são percebidos, à preeminência de um sobre o outro etc. Aqui também está presente a discussão sobre a inteligibilidade do todo a partir de suas partes ou a inteligibilidade das partes a partir do todo.

Quando deparamos com algo, a nossa percepção o capta como um todo e a seguir percebemos suas partes. Donde podemos afirmar que o todo é anterior às suas partes. Embora feito de partes, o todo como ente atualiza sua essência no momento em que ele está de fato inteiro, completo. O todo, na realidade, perde muito de seu significado, da sua importância intrínseca, no momento em que, para ser analisado, é dissecado em suas partes.

O todo é, na realidade, um fato fenomenológico global e é através desta globalidade que os fenômenos podem ser compreendidos, criando ou dando consciência de sua natureza intrínseca.

O problema do todo-parte está em íntima relação com a experiência. Neste sentido, Max Wertheimer (*apud* Marx e Hillix, 1978, p. 281), afirmou:

> O dado está, em si mesmo, estruturado (Gestalt) em graus variáveis; consiste em todos mais ou menos definitivamente estruturados e em processos globais, com suas propriedades e leis do todo, tendências e características do todo e determinações das partes pelo todo. As peças aparecem quase sempre como partes no processo global.

Trata-se, portanto, de um problema de estruturação da experiência humana e, no que se refere à percepção, ela vem sempre estruturada, ainda que feita de partes ou de subtodos. O seu caráter estrutural é tal que qualquer elemento novo que se introduza nos leva à percepção de uma nova estrutura. A experiência só chega até nós de modo completo quando ela é experimentada como um todo, ainda que este todo seja apenas um esboço da realidade do ser como tal. É importante, portanto, para a compreensão deste todo, que se descubra e se conheça a relação existente entre suas partes, que, de certo modo, elas possam estar ou ser definidas, para que o todo como um todo venha à luz.

Na clareza deste conceito, enfocando, sobretudo, a precedência do todo sobre suas partes, no ser-aí, aqui e agora, presente, compreende-se a postura da Gestalt-terapia em lidar com o cliente e com a própria relação terapêutica como um todo. Diferentemente dos todos materiais, por exemplo uma mesa, onde a realidade total salta toda aos olhos quase de imediato, o todo humano, a pessoa toda, chega devagarzinho, dando margem a frequentes erros de percepção. A paciência no captar este todo para depois lidar sabiamente com as partes, embora estas, em termos de comunicação verbal e visual, sejam mais facilmente distinguíveis, é uma arte difícil em psicoterapia.

Weis (*apud* Marx e Hillix, 1978, p. 284) nos dá o exemplo da teia de aranha como um todo formado de sistemas inter-relacionados. Diz ele:

> As mudanças feitas pela aranha perto do centro da teia têm efeitos que, literalmente, *podemos ver* reverberarem em toda a teia, como quando uma aranha de jardim faz vibrar a sua teia em resposta a um intruso. Podemos ver que as múltiplas interconexões entre as partes da teia explicam a sua ação, mas estas interconexões desafiam qualquer análise das partes – logo, o todo é diferente da soma das partes.

Na realidade, a percepção é determinada pelo caráter do campo como um todo. Ele não é uma soma nem produto de partes, ele é uma realidade *per se.*

> Todas as partes do campo desempenham algum papel na estruturação perceptual. Assim, o problema para o gestaltista não é tanto como o dado é solucionado, mas como é estruturado. Por que razão, de todas as alternativas possíveis, emerge a estrutura atual. Um dos princípios diz que, dado um todo perceptual, parte da percepção será figura e o resto fundo. (Marx e Hillix, 1978, p. 303)

A pergunta é: como, depois de tantas vicissitudes, esta pessoa "ficou" fóbica, paranoica? Saber que alguém é fóbico pouco ou nada ajuda, mas como foi estruturada sua fobia é a questão.

Como sua "teia de aranha" ficou pronta e se chama fobia. O caminho não pode ser outro a não ser o da observação e análise paciente do todo através da manifestação de suas partes.

> O psicólogo gestaltista procede de acordo com o pressuposto de que a unidade de descrição deve ser escolhida pelo organismo que está sendo estudado; isto é, as respostas do organismo determinam o que constitui um todo significativo. (*Ibidem*, p. 286)

Das considerações feitas, sobretudo das duas últimas citações, podemos induzir a importância deste conceito todo-parte para a compreensão do que seja psicoterapia.

Deve ficar claro, mais uma vez, que estamos transpondo da psicologia da Gestalt pressupostos para a compreensão, em especial, da percepção física de coisas para o campo da psicoterapia, para o campo não só da percepção existencial do cliente no mundo e com o mundo, mas sobretudo como o psicoterapeuta *percebe* seu cliente e lida com ele.

O homem é um todo eminentemente complexo. Seu todo chega até nós precedido de suas partes. Ele se lamenta, sente tensões, dores musculares, chora etc. São as partes que nos são trazidas para serem "curadas". Estas partes, no entanto, só têm significado a partir de seu todo. A pergunta é não apenas como este dado foi *selecionado*, mas como, finalmente, ele foi *estruturado*. A sua queixa, a sua dor é uma *unidade de descrição*. Uma dor é uma dor, uma tensão é uma tensão e não um conjunto de coisas, assim como uma casa é uma casa e não um conjunto de telhas, paredes e portas. O homem é um ser em processo dinâmico. Não se pode seccioná-lo para entendê-lo. Tudo nele tem sentido a partir de seu todo.

Outra observação importante, em termos de psicoterapia, é que as partes estão em íntima e dinâmica relação com o todo. Por exemplo, às vezes, trabalha-se uma tensão muscular, o cliente diz depois que todo o seu corpo e ele próprio estão bem. Frequentemente o psicoterapeuta ignora o que aconteceu depois de um trabalho profundo. Ele, porém, *sabe*, *vê* que algo importante aconteceu. Nós podemos ver quando uma aranha trabalha no centro de sua teia, mas as interconexões desafiam qualquer análise das partes.

Acima de tudo, nós pensamos que estas interconexões obedecem a uma sabedoria do organismo, que, em termos de sistema, distribui energia nova lá onde existe alguma carência.

A riqueza deste conceito todo-parte fez que a Gestalt-terapia fosse buscar aí um dos seus sinais, um dos seus fios, na construção daquela Gestalt que é ela própria. Dessa forma, a Gestalt-terapia sabe que é a totalidade que encerra o significado, como sabe também que a intencionalidade está na totalidade. O discurso psicoterapêutico não desconhece a parte, pois o organismo como um todo "escolhe" uma de suas partes para revelar-se todo. O olho clínico trabalha em duas direções, na parte e no todo, à espera de que a reação revele a totalidade, onde o discurso psicoterapêutico se completa e se plenifica.

Passamos, em seguida, ao estudo da figura e fundo que também encerra uma relação de totalidade.

Figura e fundo

O estudo da percepção, sob o ponto de vista da acuidade visual, está presente desde o início do século, com os estudos de Jaensch e Kotz. Em 1912, Rubin usa a expressão figura e fundo ao assinalar que "destaca-se uma parte da configuração total do estímulo (figura) enquanto uma outra parte recua e é mais amorfa (o fundo)"(*Ibidem*, p. 277).

É interessante notar que, desde o início, os temas figura e fundo, parte e todo estiveram sempre presentes na discussão dos precursores da Gestalt, como G. F. Stout (1860-1944), William James (1842-1910), de tal modo que suas colocações sugerem uma clara analogia e inter-relação com estes conceitos.

Mais uma vez, o espírito criador de Perls foi buscar neste conceito de figura e fundo um suporte dos mais importantes para se compreender o problema psicoterapêutico. Figura-fundo é um dos conceitos mestres da Gestalt-terapia, bem como insubstituível na compreensão das leis de organização.

Ao mencionar figura e fundo estamos falando de forma ou de formação de realidades ou daquilo que se chama "formação duo": uma figura "sobre" ou "dentro" de "outra".

Estamos falando de dupla representação: imaginemos a figura de um triângulo dentro de uma figura retangular.

> Ao dizer que a pequena figura está sobre o retângulo, afirmamos que a figura maior é uma unidade e isto significa que a figura maior não deixa de existir onde está a menor, mas continua por baixo ou por detrás da figura menor. Isto significa ainda que parte do campo total, coincidente com a área da figura pequena, está representada *duas vezes* em nosso campo ambiental, uma vez como a própria figura pequena e uma vez como parte do retângulo maior. (Koffka, 1975, p. 188)

Koffka nos ajuda a nos transportarmos para uma reflexão mais ampla do ponto de vista existencial, tendo em vista que os problemas humanos não podem ser considerados isoladamente. Qualquer que seja a figura que eles assumam, subjazem a ou se sobrepõem a algo mais amplo, mais complexo. A existência, embora se apresentando de formas concretas, é um envolvimento diferenciado na realidade. Isto nos leva a algumas considerações práticas que, como se disse antes, ampliam a aplicação do enunciado acima, em termos propriamente psicoterapêuticos, ou seja: quando um cliente expõe um problema, estamos ou devemos estar atentos ao seguinte, partindo do princípio citado: 1º – o cliente é um todo; 2º – deve-se prestar atenção a este todo, mesmo quando ele só fala de uma parte sua; 3º – as duas partes: ele todo e parte dele continuam presentes ou "por baixo" ou "por detrás"; 4º – ele, como um todo, se identifica também com a parte que está sendo focalizada, ou seja, sua parte pequena coincide com sua parte grande; 5º – finalmente, sua parte grande coincide com a sua parte menor.

A figura não é uma parte isolada do fundo, ela existe no fundo. O fundo revela a figura, permite à figura surgir. O que o cliente diz jamais pode ser entendido em separado, pois a figura "tem" um fundo que lhe permite revelar-se e do qual ela procede.

Como eu estruturo minha percepção para perceber algo como figura e não como fundo e vice-versa e como o cliente estrutura sua fala, seu problema para revelá-lo como figura e não como fundo e vice-versa é altamente significativo.

A figura está no todo: o que o cliente traz como figura é parte de seu todo, também do fundo. Ainda dentro deste tema, podemos ampliar dizendo que onde existem figura e fundo, existe também o conceito de fronteira e de contorno.

O processo de organização é único, apesar de existir mais de uma área organizada dentro de um mesmo campo. Isto nos conduz aos conceitos de sistema e estrutura. Do mesmo modo, o cliente se apresenta como único e uno; dentro dele, porém, existem diversas "áreas" que têm problemas de fronteiras e de limites no seu sistema de intercomunicação e influência. Dessa maneira, assim como na percepção visual certos estímulos ora são figura, ora fundo dentro de uma única situação dada, um quadro por exemplo, assim também acontece com nosso cliente, seus temas e necessidades: eles se sobrepõem mutuamente; diríamos que a sua visão se torna ambígua para nós. Ora ele é fundo, ora é figura, seu comunicado ora é fundo, ora é figura. Trata-se de um caráter dual da percepção, também em psicoterapia.

Quando dizemos que psicoterapia é também uma arte existencial, estamos fazendo uma comunicação no sentido do espírito aberto, solto para que se possa penetrar no mistério da intercomunicação existente naquilo que chamamos de fronteira e limites, de sistemas e subsistemas, neste mudar permanente de foco com que procuramos visualizar a realidade e com que ela própria se apresenta a nós, seja ela uma coisa ou uma pessoa.

Estamos ainda falando da dupla representação, onde mais frequentemente a figura e não o fundo formam o contorno que dá forma à figura.

Têm as coisas formas?

É a estrutura informe?

Digamos que forma e figura, estrutura e fundo estão em íntima relação, mas não surgem de um mesmo e único ponto. Dizemos, entretanto, que "os contornos que dão forma à figura não dão forma ao fundo; se este último tem uma forma, deve-a a outras forças que não as que produzem a figura situada sobre ele" (Koffka, 1975, p. 194).

Em termos mais simples, é frequente dizermos: "fulana é linda", mas, na realidade, o que ela tem mesmo de lindo são os olhos azuis. Existe uma troca de propriedades, atribuindo ao fundo o que é próprio da figura.

Exemplificamos mais ainda para o caso da psicoterapia: digamos que a coisa maior é o fundo = cliente, e a menor, figura = sua queixa. Embora queixa e cliente formem uma única realidade organizada, o que produz em mim a percepção da figura (o tema) não vem necessariamente da minha percepção do fundo (o cliente). Ou seja, existem forças diferentes criando os contornos do fundo e da figura, no cliente.

Em termos práticos, em Gestalt se afirma que o cliente é sempre figura e o psicoterapeuta, fundo. O cliente é figura porque é ele que deve surgir como diferenciado na configuração e porque é sua comunicação que vai apontar o caminho de uma procura mais ampla. Na hipótese em que o *setting* psicoterapêutico esteja organizado, de modo que a realidade psicoterapeuta-paciente funcione como um todo, seus contornos e limites obedecerão à formação de leis diferentes de um para com o outro, ou seja: diferentemente de um único objeto ou coisa de onde surgem figura e fundo, na relação psicoterapêutica é a relação entre figura e fundo que cria a organização.

É interessante observar que a relação figura-fundo no cliente é extremamente fluida, isto é, sua organização está em constante mudança, o que gera no psicoterapeuta a necessidade de também ele estar em fluidez com o cliente. Embora na linguagem do cliente surja um tema, uma figura, mais firme e clara, esta figura adquire, a todo instante, matizes novos, na razão em que o cliente, consciente ou inconscientemente, volta ao seu "fundo" e de lá traz coisas diferentes. Na razão em que a figura dá lugar ao fundo, uma parte do campo se torna mais sólida e também o contrário, na razão em que o fundo dá lugar à figura, parte do campo se torna mais fluido. A figura, no entanto, é sempre mais estruturada, mais dura e a impressão que ela causa depende do tipo de energia presente em determinada área. Identificar, portanto, a figura (tema ou reação) no cliente é identificar uma área mais tensionada. Identificar, portanto, uma área, um tema como figura ou como fundo significa perceber o nível e o grau de energia presentes em determinada organização. Se, em meio a um tema amplo exposto pelo cliente, identificamos uma palavra, uma fantasia, é provável que a intensidade de energia aí presente nos leve ao fundo de uma maneira mais direta e rápida. A segregação que fazemos dentro de um determinado campo, identificando a figura e o fundo, depende não só da realidade do campo externo a nós, mas de nossa realidade interna, do nosso eu. As coisas, como os temas, têm uma articulação interna e quanto mais articuladas as figuras se apresentarem, mais facilmente o resto se fundirá para formar o fundo. Outro elemento é a boa forma e a boa continuidade. As coisas que vemos, que sentimos, que mais facilmente identificamos têm melhor forma do que os buracos que as circundam, que poderíamos ver, mas que, na realidade, não vemos.

Falamos anteriormente do sentido permeável, de permuta, existente entre a figura e fundo em uma única realidade: coisas ou pessoas. Olhando para um quadro, para uma pessoa, ora distingo uma coisa, ora outra. Como se estrutura em mim este movimento, este suceder-se de figura e fundo que, por vezes, é mais que suceder-se, é troca, isto é, algo que era figura retorna ao fundo e não surge mais como figura? Isto depende do observador ou de alguma lei inerente ao objeto observado?

Ao lado das coisas observadas, vistas, ditas, existe um espaço infinito, muitas vezes neutro à minha percepção e à minha crítica. São os chamados vazios. Por que será que estes vazios não nos atraem, não nos provocam frequentemente? E, muitas vezes, no entanto, é lá que está a chave do fenômeno, da compreensão. O que não nos chama a atenção numa coisa, num tema, num local pode esconder exatamente aquilo que buscamos.

Daqui a necessidade da paciência do psicoterapeuta em lidar com as figuras simples, os temas agressivos. Podemos ser fisgados por eles, quando são seus buracos, ou o que não vemos neles, que são verdadeiras figuras, mas que agora permanecem no fundo à espera de se mostrarem, de se revelarem dentro de uma nova organização.

Até aqui temos aplicado ao comportamento leis que regulam processos de visão. Koffka se pergunta como ficam os outros sentidos. Como fica sua relação com figura-fundo?

Cito uma passagem que amplia e clarifica nossa dúvida e o que temos dito até aqui

> sobre figura e fundo: Mas alguns sentidos nos fornecerão fundos que são mais que meros vazios. Estou pensando em particular no olfato, através do qual podemos ser envolvidos em aromas como num suave manto, ou fazer que nos sintamos transportados a uma rotunda de paredes azuis, no castelo de algum reino encantado. E o fundo destes outros sentidos não é apenas, nem principalmente, muitas vezes, o fundo das figuras desses mesmos sentidos, mas determina nossa relação com estas figuras e com todas as figuras ou coisas em nosso meio comportamental dado. A 'atmosfera' de uma sala é um dos bons exemplos que posso dar. Assim, estes fundos são mais abrangentes do que os puramente visuais até aqui estudados, uma vez que são fundos tanto para o ego como para as coisas com as quais o ego defronta. Nossa conclusão, portanto, é a de que a distinção figura-fundo, embora aplicável a todos os sentidos, oferece novos problemas quando vamos além da visão, problemas estes que se revestem de grande significado para a teoria do comportamento, mas que ainda se encontram num estado por demais embrionário para merecer um exame mais profundo (Koffka, 1975, p. 211-2).

Nós tendemos naturalmente a captar a realidade como um todo. Este movimento de perceber o todo é privilegiado pela visão que é o órgão imediato do primeiro e mais agressivo contato.

Primeiro eu vejo; o que vejo, contudo, tem infinitas partes que não são frequentemente acessíveis aos outros sentidos. Poderíamos dizer que a figura que eu vejo, por exemplo, uma mulher, tem um fundo que altera a minha relação de contato, por exemplo, um perfume suave, que eu não vejo, mas que eu sinto. Neste caso, o perfume e a forma física da mulher se tornaram figuras às quais eu reajo de uma maneira específica. O que fica claro é que, além da figura percebida pela minha visão, existe nela um fundo que os outros sentidos não captam de imediato, mas ao qual minha realidade interna reage à espera de identificá-lo, tornando-o figura.

Quantas vezes no nosso trabalho psicoterapêutico nós somos arrastados instintivamente para este fundo invisível, mas tão presente que nos conduz exatamente à identificação dos problemas vividos pelo cliente em nível inconsciente? É a força misteriosa e impetuosa dos "vazios".

Aqui e agora

Embora este conceito tenha evoluído dentro da Gestalt-terapia, sob a influência de posições místicas ou orientais, ele provém da psicologia da Gestalt e está intimamente ligado à solução isomórfica apresentada pela psicologia da Gestalt.

Quando se fala *aqui e agora*, estamos *de fato* perguntando, em termos da psicologia da Gestalt, se a experiência de uma percepção passada de um objeto ou forma influencia ou não a visão de um objeto que se está vendo aqui e agora.

Trata-se, portanto, de algo bem delimitado, embora este "aqui e agora" de uma percepção visual, em psicologia da Gestalt, tenha sido transportado para diversas formas de psicoterapia humanístico-existencial como um convite ao viver o aqui e agora.

Neste contexto, transpondo de novo, fica mais clara a expressão "viver o aqui e agora". Este aqui e agora tem ou não tem passado?

Pode o aqui e agora ser a expressão só e apenas de uma realidade momentânea, ou o passado, querendo ou não, faz parte desta realidade aqui? É possível expressar-se plenamente no aqui e agora? Se o aqui e agora traumatiza, o trauma vem dele ou da relação dele com o passado? Estes são temas fundamentais da prática psicoterápica e que têm dado margem a muitas situações conflitantes. Mas voltemos, um pouco, às nossas considerações sobre a percepção.

Uma observação anterior é que este problema do aqui e agora só pode ser bem entendido dentro de uma abordagem todo-parte. Aqui e agora é todo o todo ou é parte do todo? Esta questão nos leva, por sua vez, a lembrar as propriedades do todo e a reafirmação que somente uma abordagem fenomenológica nos auxiliará numa visão mais ampla da realidade.

O que eu percebo é todo o percebível? O modo como percebo a realidade me indica o *quantum* do perceptível é percebido e quanto as coisas têm ligação entre si.

Devo contar com uma dupla realidade: o aspecto fisiológico da percepção e a minha experiência do perceber?

"A experiência presente só é explicável na base de suas relações com o estado presente do campo fisiológico" (Marx e Hillix, 1978, p. 290).

Lembremos que dentro do conceito de campo, o campo fisiológico não é apenas o corpo, mas também a realidade ou o lócus onde o corpo se encontra e age.

Estamos falando do princípio da contemporaneidade, isto é, a experiência presente é explicável a partir de sua relação com o campo fisiológico e cria uma situação a-histórica, em que o passado adquire um valor relativo.

Os gestaltistas não negam que a experiência passada tenha alguma influência na percepção e no comportamento, mas diminuem sua importância.

Enfatizam que a experiência passada deve ter modificado a condição presente do organismo, antes que possa exercer qualquer efeito. Assim, um conhecimento completo do presente nada deixaria fora da explicação causal imediata, enquanto que um estudo do passado seria prejudicado pelas distorções causadas por eventos anteriores pelos ulteriores assim como pelas complexidades introduzidas pela participação do efeito histórico no campo presente. (*Ibidem*, p. 290)

Assim, presente e aqui e agora se equivalem. Se eu tenho o presente, eu tenho tudo de que eu necessito para compreender e experienciar a realidade como um todo.

Parece, portanto, que *viver o aqui e agora e estar no aqui e agora* são linguagens diferentes, querem dizer coisas diferentes.

Em termos de psicologia da Gestalt, estar no aqui e agora significa que este aqui e agora contém e explica a minha relação com a realidade como um todo, ou seja, o que eu vejo, o que eu percebo agora pode ser explicado pelo agora, sem necessidade de recorrer a experiências passadas de percepção.

Tal colocação nos permite ampliar nosso discurso de uma área de percepção visual para uma área de percepção existencial da realidade interna das pessoas. Por exemplo, em psicoterapia, quando se pergunta ao cliente: "Aqui e agora o que você sente, o que você percebe?", sua resposta me dá a informação de que o que ele sente aqui e agora é tudo aquilo de que necessita agora para compreender sua realidade. Lidar com esta parte, supondo o aqui e agora de uma emoção, é o caminho mais curto para atingir o todo, sua realidade total expressa em base ao presente de seu campo fisiológico.

Estar no aqui e agora é um abrir-se à análise e à informação, *viver o aqui e agora* é um experienciar a realidade interna e externa, como ela acontece, tenha ou não antecedentes que a expliquem ou justifiquem.

O primeiro conceito tem a ver com a psicologia da Gestalt, o segundo tem muito a ver com uma postura mística e oriental também absorvida por Perls, sobretudo através do zen budismo e do taoísmo.

Ainda dentro da primeira posição, a questão é: de que modo o que percebo aqui e agora, o que sinto aqui e agora tem a ver com minha experiência passada de perceber o mundo e a mim mesmo? A resposta da psicologia da Gestalt é: sua experiência aqui e agora pouco ou nada tem a ver com seu sistema de percepção anterior, ou seja, este aqui é o bastante para explicar o agora do que acontece.

Köhler deixou clara sua posição a respeito da experiência passada, quando escreveu:

> Seria extremamente lamentável que, neste ponto, se deixasse o problema de lado, como se, no fim de contas, nada mais fosse do que um outro caso da influência da experiência passada. Ninguém duvida de que a experiência passada seja um fator importante em *alguns* casos, mas a tentativa de explicar toda a percepção em tais termos está seguramente condenada ao fracasso, pois é fácil demonstrar casos em que a percepção não é influenciada, de forma alguma, pela experiência passada. A figura abaixo é um exemplo. Vemos um grupo de retângulos; mas a figura pode ser vista como dois Hs, com um certo número de linhas adicionais a ambos os lados das duas letras. Apesar de nossa experiência com a letra *H*, é, não obstante, a articulação do objeto *representado* que determina o que veremos.
> (Marx e Hillix, 1978, p. 291-94)

É a articulação que se estabelece entre figura-fundo, cliente-terapeuta que determinará *o quê* e o *como* do que se percebe aqui e agora e o que fazer em decorrência desta articulação.

Note-se, mais uma vez, que a expressão aqui e agora nasce, dentro do contexto da psicologia da Gestalt, com um significado diferente daquele aqui e agora existencial tão usado como expressão gestáltica de vida. Trata-se de um aqui e agora perceptivo, de uma discussão experimental da influência ou não do passado na experiência de percepção atual.

Não resta dúvida de que este enfoque da psicologia da Gestalt é extremamente útil à compreensão do processo psicoterapêutico que alguém está vivenciando.

As pessoas costumam dizer, por exemplo, que não conseguem mudar, dado o peso do passado nas experiências presentes. Sua percepção do mundo é influenciada pelo seu passado.

Fazendo a nossa transposição, sabemos que tal afirmação, embora não careça plenamente de fundamento, não explica esta compulsão de repetição, esta fusão parte-todo, figura-fundo, pois sabemos da autonomia das leis que regem cada uma destas situações.

Se a experiência passada pouco tem a ver com o como e com o quê da experiência presente, o psicoterapeuta poderá sentir-se mais solto e criativo para lidar com o aqui e agora de seu cliente, dando-lhe suporte para que as energias próprias do seu campo atual possam fluir mais eficientemente.

Não só o cliente, mas também o psicoterapeuta deve ter confiança nesta força transformadora do aqui e agora. Aqui e agora para ambos significa que a situação presente encerra tudo aquilo de que eles precisam para se guiar na reestruturação e fortalecimento do campo perceptivo-existencial.

Quando, pois, se pergunta o que alguém sente aqui e agora, estamos à cata daquela descrição e compreensão de um campo comportamental e psicológico cuja energia é suficiente não só para explicar, mas para transformar a realidade ali presente.

Não é sem razão, portanto, que o gestaltista trabalha em cima do aqui e agora, pois é aí que se compreende a pessoa como um todo.

Terminando este tópico, queremos insistir que não se pode negar simplesmente a influência do passado na percepção presente. Segundo Köhler, existem três tipos de variáveis que podem influenciar a percepção: genéticas, históricas e presentes. Ou seja, o presente, ou o aqui e agora absoluto não existe, mas ele basta para a compreensão da realidade presente.

O presente ou o aqui e agora convive com o organismo e com o passado que são uma história, numa relação de figura e fundo, de todo e parte. É o princípio da contemporaneidade. O passado e o corpo estão presentes, aqui e agora, na pessoa como um todo, e isto basta para entendê-la e para que se possa lidar com ela criativamente. Neste sentido, o aqui e agora é a-histórico, ele simplesmente é.

O aqui e agora vivencial ou experiencial da Gestalt-terapia é uma extensão ou ampliação do aqui e agora da psicologia da Gestalt. Aquele significa uma proposta de responsabilidade com a realidade circunstante, ou seja, o presente é responsável por ele mesmo, ele se autoexplica se autorrevelando. Tentar viver o aqui e agora significa compromissar-se com a realidade como um todo aqui e agora. Este é um dos objetivos da psicoterapia.

Ampliando, podemos dizer que o presente é de tal modo fecundo que se pode experienciá-lo sem que se deva ter passado antes por experiências semelhantes. A sua fecundidade depende ainda do fato de que o presente ou o que está presente pode sofrer uma influência direta da realidade, realidade esta que pode ser descrita e analisada, dando suporte a uma ação direta, sem necessidade de interpretação. Nós somos culturalmente iniciados e educados para agir sob a influência da razão, do raciocínio. O pensamento tenta a todo instante ser a fonte única de informação, descrição e análise. O aqui e agora, entretanto, visto como uma realidade total, inclui peremptoriamente a consciência do corpo, do organismo. O homem é o seu organismo e é nele que temos de procurar sua própria compreensão. Se o pensamento está aqui e agora, ele está através do organismo que é a realidade maior que chama e reclama para ser ouvida e, sobretudo, respeitada. O organismo é a história, é o ser-aí, é o fenômeno do ser.

Conceitos descritivos

Depois de algumas considerações sobre conceitos básicos da psicologia da Gestalt, abordaremos agora alguns conceitos descritivos, intimamente relacionados com os primeiros e entre si mesmos.

Abordaremos três conceitos: 1. Comportamento molar e molecular; 2. Meio geográfico e meio comportamental; 3. O conceito de campo.

1. Comportamento molar e molecular

Estes conceitos, dado o sentido experimental que envolvem, nos aproximam inicialmente do próprio conceito de psicologia como ciência do comportamento. Uma vez que podem ser descritos e analisados, eles se prestam a uma observação mais acurada da realidade a eles implicada.

O comportamento ocorre dentro de um campo fenomênico total, donde a distinção do comportamento como fenômeno molar e molecular nos ajuda a entender melhor a implicação existente no modelo que ora apresentamos.

- *Comportamento molar*: é o que ocorre num meio ambiente, num contexto externo: por exemplo, a frequência do estudante às aulas, a lição do professor, a navegação do piloto; é a coisa finalizada, embora para finalizá-la tivessem sido necessários dezenas de atos, gestos etc. O comportamento molar, por conseguinte, ocorre sob a influência de um contexto externo à pessoa. O comportamento molar é consciente. É o resultado final e exteriormente observável de grande número de processos fisiológicos.
- *Comportamento molecular*: "processo que se inicia com uma excitação na superfície sensorial de um animal, é transmitido por fibras nervosas aos centros nervosos, transferido para novos nervos eferentes e termina numa contração muscular ou numa secreção glandular. O comportamento molecular, portanto, é aquele que ocorre dentro do organismo e somente é iniciado pelos fatores ambientais a que se dá o nome de estímulos" (Koffka, 1975, p. 38-9).

Todas as pessoas sabem falar sobre comportamento molar e o conhecem, e sabem também que este comportamento molar implica contrações musculares que põem em movimento os membros, ativados por impulsos nervosos.

O comportamento molecular é desconhecido e poucos podem ou sabem falar dele.

A psicologia, como ciência do comportamento, deve estar atenta aos dois processos como explicativos da realidade como um todo. Qualquer tipo de fragmentação dicotomiza, radicaliza o processo de uma compreensão mais ampla do comportamento (*Ibidem*).

Apesar de ambos os processos se distinguirem entre si, ambos ocorrem no organismo ou através dele, ou seja, ambos são função do organismo-ambiente. Isto significa, entre outras coisas, o convite permanente a uma visão do homem como totalidade.

Este pensamento, frequente já, em nossas colocações anteriores, nos conduz a interrogar que aplicação estes conceitos podem ter na área da psicoterapia. Como podemos lidar com um comportamento molar ou molecular, tentando identificar através deles situações clínicas vividas pelos nossos clientes.

Em termos práticos, o que é diretamente observável em nossos clientes é o seu comportamento molar, não só enquanto é consciente para ele, como para nós. A todo comportamento molar, no entanto, subjaz um comportamento molecular. Dependendo da intensidade ou complexidade do comportamento molar, o molecular se intensifica e se expressa até fisicamente. Alguém pode estar, racionalmente, fazendo uma exposição com aparente controle de sua comunicação (comportamento molar) e o seu corpo apresenta uma intensa sudoração (comportamento molecular). Existe, portanto, nele, a partir de uma estimulação interna, algo inconsciente que lhe escapa ao controle e que produz um efeito externo muitas vezes não desejado.

Tecnicamente, o psicoterapeuta pode trabalhar uma coisa ou outra, sua comunicação ou sua sudoração, pois considerando que a pessoa é uma realidade una, trata-se, apenas, de caminhos diferentes para se chegar a um mesmo ponto. Talvez aquele da sudoração o leve mais rápido e certo ao ponto desejado, pois este não está sob o controle da razão, é o resultado de um comportamento molecular.

Em termos simples de transposição, podemos dizer que os *processos internos*, sejam eles físicos ou psíquicos, conscientes ou não, fazem parte dos chamados comportamentos moleculares;

são as emoções, as fantasias, as palpitações cardíacas, a dificuldade de respirar. Os processos externos ou o comportamento externo, tipo caminhar, falar, gesticular, são comportamentos molares, embora, como se disse antes, para que eles aconteçam é necessária a movimentação interna de contrações musculares, movimentando áreas diversas, com impulsos nervosos maiores ou menores.

Existe uma tendência da parte de certa psicologia em considerar como objeto da ciência apenas os comportamentos moleculares, afirmando que o comportamento molar é um fenômeno secundário, que apenas oferece problemas, ao passo que o comportamento molecular, composto de contínuas sequências causais, forma os eventos primários, capazes de serem medidos e avaliados.

É desnecessário dizer que tal postura dicotomiza a realidade, dando validade à parte e não ao todo, e relega a psicologia ao campo das ciências morais. O problema do valor e do significado, como já discutimos anteriormente, não teria vez dentro desta concepção mecânica e atomista do comportamento humano, proposta por adeptos do comportamento molecular.

Dentro daquela informação anterior de que o comportamento molar é também acompanhado de processos e reações internas, vamos além afirmando que, ademais desta dupla realidade fora-dentro, característica do comportamento molar, ele como um todo se realiza em um duplo meio, por exemplo: o professor que ensina na sala de aula (comportamento molar). De um lado, existem professor e aluno, do outro, existe o ambiente físico, a sala. Professor e aluno estão no mesmo local, mas ambos experienciam aquela realidade física de modo diferente: professor e alunos são objetos diferentes, destacados da sua realidade física.

A discussão sobre comportamento molar e molecular, além de envolver um problema para a filosofia da psicologia, no sentido de que admitir só o comportamento molecular seria reduzir a psicologia a uma ciência pragmática e experimental, envolve um problema para a prática psicoterapêutica. O organismo humano não é regido só por leis químicas ou físicas, pois todo e qualquer comportamento tem um valor e um significado. Estamos falando não só do *quantum*, mas da *qualitas*. Um mesmo fato assistido por duas pessoas produz nelas reações fisiológicas diferentes. Esta diferença não dependeu só da disposição física do organismo, mas de como cada um viu, sentiu e experienciou o mesmo fato. O valor, o significado que alguém empresta a uma ação introduz nele um elemento qualidade que altera organicamente o comportamento.

O comportamento molecular, portanto, é com frequência um excelente informante da qualidade (valor e significado) que um comportamento molar apresenta.

O psicoterapeuta lida, imediatamente, com o comportamento molar, sob o qual está presente um comportamento molecular, que, por vezes, se faz sentir até fisicamente.

Ambos os comportamentos acontecem em um determinado campo, em um determinado ambiente, em um determinado tempo, sendo que não só o campo em si mas o modo como a pessoa entra em relação com este campo influenciam diretamente na produção e aparecimento destes comportamentos.

Estas reflexões nos conduzem a outro conceito, igualmente importante para a compreensão da dinâmica do processo psicoterapêutico: o *meio geográfico* e o *meio comportamental*.

2. Meio comportamental e meio geográfico

Para facilitar a compreensão destes conceitos, iniciamos com o exemplo de uma lenda alemã:

> Numa noite de inverno, em meio a uma violenta nevasca, um homem a cavalo chegou a uma estalagem, feliz por

ter encontrado abrigo após muitas horas cavalgando numa planície varrida pelo vento, na qual o lençol de neve tinha coberto todos os caminhos e marcos que pudessem orientá-lo. O dono da estalagem caminhou até a porta, encarou o forasteiro com surpresa e perguntou-lhe de onde vinha. O homem apontou na direção oposta à estalagem, ao que o dono, num tom de pasmo e temor, disse: Sabe que esteve cavalgando todo o tempo em cima do Lago de Constança? Dito isto, o cavaleiro tombou morto a seus pés. (Koffka, 1975, p. 39)

Onde *de fato* cavalgou o forasteiro? Ele e seu cavalo pisaram *de fato* um *lago congelado*. Mas ele pensava que pisava uma *planície varrida pelo vento*.

Onde ocorreu o comportamento molar? Não é verdade que tenha ocorrido num lago congelado, porque ele pensava que estava numa planície, nem é verdade que tenha ocorrido na planície porque, de fato, ele estava sobre um lago congelado.

Em ambos os casos, existia um meio geográfico real; o que variaria seria seu comportamento de lidar com este meio geográfico, se ele soubesse toda a verdade sobre ele.

Cavalgar, *sabendo*, sobre um lago congelado ou numa planície, implica cuidados completamente diferentes. Tanto assim que o homem, ao perceber o risco que correra, morre de susto, o que não aconteceria se ele, de fato, soubesse que estava cavalgando num lago congelado. Ele cavalgaria com susto, mas não morreria de susto.

Esta ambivalência é comum a quase todo comportamento humano. Se soubéssemos exatamente onde estamos, com quem falamos, nosso comportamento mudaria, a fantasia daria lugar à realidade.

Existe, portanto, em todo comportamento uma dupla realidade: o meio geográfico e o meio comportamental.

Nossa primeira afirmação, portanto, é que o comportamento é regulado pelo meio. Qual dos dois, entretanto, exerce a função reguladora?

A um observador menos atento pode parecer que o comportamento é regulado pelo meio geográfico, mas, a partir do exemplo dado, concluímos que nosso cavaleiro *pensava,* o tempo todo, que estava numa planície.

É o meio comportamental e não o geográfico que regula o *comportamento humano.* A harmonia existente entre ambos é regulada pela relação entre estes dois polos.

O meio geográfico, só, não pode ser causa de comportamentos diferentes ou idênticos. Duas pessoas podem estar em um mesmo e único meio geográfico e sentir coisas e se comportar diferentemente diante dos mesmos estímulos. Não é o meio geográfico, mas o modo como se reage a ele que explica o comportamento humano.

Ligando um pouco os conceitos, dizemos que um meio geográfico definido pode produzir comportamentos molares iguais, mas não comportamentos moleculares iguais.

Isto explica porque as pessoas reagem de modo diferente diante de situações idênticas: uma partida de futebol, uma sessão de terapia. Espectadores, psicoterapeuta e cliente vivenciam a realidade geográfica de modo diferente a partir de sua experiência interna, que engloba meio geográfico e seu próprio organismo.

"O comportamento tem lugar num meio comportamental que o regula. O meio comportamental depende de dois grupos de condições, um inerente ao meio geográfico e outro ao organismo" (*Ibidem,* p. 43).

As condições do meio geográfico, mais as condições do organismo geram o meio comportamental, no qual ocorre o comportamento.

Assim, podemos dizer que o comportamento ocorre num meio geográfico, ou seja, o meio comportamental depende do geográfico. Podemos ainda dizer que não só o meio geográfico como o comportamento ficarão modificados quando ocorrer um comportamento total.

Digamos, portanto, que o meio comportamental é um elo entre o meio geográfico e o comportamento.

Tentando utilizar estes conceitos que nos conduzem a uma discussão posterior, aquela do campo, podemos perceber que esta discussão nos introduz na relação parte-todo e aí ela se torna útil à nossa compreensão e utilização.

Quando afirmamos que o comportamento é fruto da relação meio geográfico-organismo, estamos também colocando algumas premissas que podem ajudar-nos na compreensão do que diz respeito à relação cliente-psicoterapeuta, cliente-psicoterapeuta-meio geográfico. Na verdade, o fenômeno é a totalidade, ele se revela no todo através das partes. A parte é intrínseca ao todo e dela emanam forças divergentes e convergentes que fazem a realidade concebível e compreensível.

Segue um exemplo prático.

Minha sala de trabalho é ampla e espaçosa, com uma decoração simples de variados gostos e tons: quadros clássicos, barrocos, pôsteres modernos, almofadas. Os clientes já estavam acostumados com o ambiente quando coloquei um pôster contendo um nu artístico. O grupo, sobretudo, comportou-se de maneira muito variada a partir daquele novo estímulo, bom para uns, ridículo para outros, lindo para outros ainda.

O que ocorrera, na realidade, fora uma modificação do meio geográfico, que alterou o meio comportamental, inclusive com reações afetivoemocionais de alguns (organismo), modificando o comportamento.

O meio geográfico simplesmente é; se, porém, o contato com ele termina por modificar o comportamento, devemos concluir que é a *relação* entre organismo e meio geográfico que cria o meio comportamental, este "alhures", que, como diz Koffka, se torna o meio do caminho entre o meio geográfico e o comportamento.

Esta relação é, portanto, dupla; ela acontece entre o meio geográfico e o meio comportamental e entre o meio comportamental e o comportamento.

Assim, no exemplo dado da sala, temos: relação entre meio geográfico (sala) e meio comportamental (sala e organismo) e relação entre sala, organismo e comportamento. A situação deve ser vista sempre como um todo, para que esta relação tenha sentido.

Podemos tentar concluir esta discussão dizendo, de maneira prática, que o meio geográfico é aquele em que, de fato, se está, e o meio comportamental é aquele em que se pensa que se está. "[...] a diferença entre o meio geográfico e o comportamental coincide com a diferença entre as coisas como realmente são e as coisas como nos parecem ser – a diferença entre realidade e aparência" (*Ibidem*, p. 45). Como entender e provar a relação entre eles é que constitui um árduo problema.

Digamos que o aspecto prático desta discussão reside no fato de que frequentemente, em termos gerais, o comportamento é visto em si, o fenômeno é considerado em si, correndo o risco de se ver a realidade em partes e não como um todo. Por exemplo, alguém diz: este lugar, esta sala, esta praia é triste, outro dirá que é um lugar repousante, outro, que é um lugar alegre.

Cada uma destas posturas produzirá no organismo uma reação diferente, e a relação desta reação com o lugar produzirá um determinado comportamento.

    Em termos psicoterapêuticos, quando estamos diante de um determinado comportamento, temos de ir à busca do meio geográfico e da relação que este meio tem com o organismo das pessoas, para que, entendendo seu meio comportamental, se possa perceber o fenômeno. O fenômeno, portanto, é fruto de um todo e não de uma parte ou de suas somas. Assim, não basta mudar de cidade, de emprego, de terapeuta, para que *só* isso conduza a novas situações. O sistema de relação com o meio geográfico induzirá a um modelo de comportamento para harmonizar meio e comportamento. As mesmas pessoas procedem diferentemente se estão em um clube, em Brasília, ou se estão numa praia, em Ipanema. É verdade que são meios geográficos diferentes embora as pessoas sejam as mesmas. A razão, entretanto, da mudança não reside apenas na mudança geográfica em si, mas na relação de fantasia que o meio geográfico diferente produz. Todo meio geográfico tem um "alhures" que possibilita a diferenciação de comportamentos. Este comportamento se realiza em função da relação com este "além" que se fantasia existir *onde* quer que alguém se encontre.

    Perls dizia que o neurótico é alguém que tem dificuldade de lidar com o óbvio. A perda da realidade tem muito a ver com o atribuir ao meio geográfico um poder que ele não tem. Lida-se com coisas, com pessoas como se fosse possível manuseá-las, usá-las a partir de um poder pessoal e não a partir também de um poder que lhes é interno e intrínseco de dizer sim ou não. A fantasia sobre o ser, a coisa ou a pessoa informa o agente de seus limites e dos limites externos a ele, introduzindo uma relação cuidadosa no pensar e no agir. Se o cavaleiro de Constança tivesse lidado *com* a realidade de uma maneira mais crítica e menos impetuosa ou onipotente, ele certamente teria regulado seu comportamento a partir de outro polo que não fosse só pensar que cavalgava uma planície coberta de gelo.

Lidar com o meio geográfico (pessoa, coisas) o mais diretamente possível é um meio de impedir que este "alhures" seja tão forte que nos tire da realidade, levando-nos a agir em função do que pensamos que é e não do que, de fato, é.

3. O conceito de campo

O conceito de campo e sua relação com o comportamento tem ocupado, durante anos, estudiosos da física, ao pesquisar como o campo determina o comportamento dos corpos.

> Como o campo determina o comportamento dos corpos, esse comportamento pode ser usado como indicador das propriedades do campo. O comportamento do corpo, para completar nosso argumento, significa não só o seu movimento em relação ao campo, mas refere-se igualmente às mudanças que o corpo sofrerá; por exemplo, um pedaço de ferro ficará magnetizado se for colocado num campo magnético. (Koffka, 1975, p. 54)

Sem ampliar, por hora, a nossa argumentação, podemos antever, a partir desta consideração da relação campo-comportamento em física, sua importância aplicada à psicoterapia.

Tanto para o físico, como para o psicólogo a pergunta vital é: "O que é o campo, num dado tempo; que comportamento deve resultar de um dado campo?"

Naturalmente, o campo físico é, no caso, o campo do meio geográfico, e para nós já ficou claro que o comportamento deve ser explicado pelo meio comportamental que, além de englobar o campo geográfico, abrange o organismo e a relação existente entre ambos.

A psicologia da Gestalt, embora afirmando que o meio comportamental é que deve explicar o comportamento, afirma que este meio comportamental não coincide com todo o campo comportamental.

Nós sabemos que este meio comportamental que determina e regula o comportamento deve estar dotado de forças, pois não há mudança de comportamento sem força.

Koffka (*Ibidem*, p. 55) nos dá o exemplo de alguém em uma praia tranquila. A harmonia é tal que praticamente existe identidade entre o organismo da pessoa e seu meio geográfico. Há um perfeito equilíbrio: "Sou parte da paisagem, a paisagem é parte de mim... Nenhuma ação, nenhuma tensão".

Ouve-se um grito de socorro, na praia. A partir deste momento todo o campo geográfico muda.

> Ao passo que antes, todas as direções eram dinamicamente iguais, agora há uma direção que se destaca, uma direção para a qual o leitor está sendo puxado. Esta direção está carregada de força, o meio parece contrair-se; é como se um sulco tivesse sido aberto numa superfície plana e o leitor fosse obrigado a descer por este sulco. Ao mesmo tempo, dá-se uma brusca diferenciação entre o seu ego e a voz e um elevado grau de tensão se apodera de todo o campo.
> (*Ibidem*, p. 55)

Estamos diante de um duplo universo, um homogêneo (ego e natureza); e outro heterogêneo (ego, natureza e tensão). O primeiro é muito mais raro, difícil de acontecer que o segundo (vivemos praticamente no segundo), "pois a ação pressupõe campos heterogêneos, campo com linhas de força, com mudança de potencial" (*Ibidem*, p. 55).

Estas reflexões nos permitem ampliar nosso universo de percepção, se quisermos ver de que maneira a homogeneidade ou a heterogeneidade de um determinado campo comportamental influenciaria na relação existente em um dado campo psicoterapêutico. Neste campo, temos tudo de que necessitamos para explicar as mudanças comportamentais que vão ocorrendo quando duas pessoas se encontram. Temos ali um meio geográfico (sala), temos ali organismos em interação entre si e com o meio geográfico. Temos, portanto, um meio comportamental, onde ocorre o comportamento.

Podemos, portanto, dizer que em psicoterapia existem dois campos: o cliente e o psicoterapeuta. Quando o cliente fala, o psicoterapeuta está em íntima relação com ele, sobretudo se o tema não contém um campo de força discriminado. Existe uma homogeneidade entre o ego do psicoterapeuta e o de seu cliente.

De repente, o cliente diz algo novo, diferente, com uma força ou energia específica, alguma figura torna-se distinta neste campo (fundo opaco), imediatamente tudo muda. O psicoterapeuta, embora continuando ligado ao campo geográfico (o cliente) de uma maneira confusa, distingue algo claro neste campo. Toda a realidade do momento terapêutico passa a concentrar-se naquela zona de tensão e força (o novo tema).

Outra observação importante é que o meio comportamental contém coisas e lacunas. Nós somos normalmente arrastados para as primeiras e não para as segundas.

Somos atraídos pelas figuras, pelas coisas salientes.

Continuando na linha dos exemplos de Koffka, ele diz que um ciclista aprendiz, apesar de ter todo um espaço à sua volta, vai quase sempre bater numa árvore, numa pedra. Como que, neste campo geográfico, a pedra, a árvore têm uma força de atração. Ele sabe que não deve bater na árvore, mas bate.

O meio comportamental fica confuso e, embora organicamente ele *saiba* e *sinta* que não deve bater na árvore, geograficamente ele bate.

Parece claro, assim, que este meio comportamental é insuficiente para explicar o comportamento (bater na árvore). O campo psicológico é certamente mais amplo que o meio comportamental.

Outro exemplo claro de como somos arrastados pelo que é saliente e não pelas lacunas, pelo vazio, é o que ocorre no futebol. Apesar do gol ser imenso, as bolas vão bater frequentemente no goleiro. Diz Koffka, o atirador é arrastado mais pelo goleiro para chutar do que pelo vazio, pelo espaço total do gol.

A relação estabelecida entre figura-(coisa) e fundo-(vazio) tem utilidade do ponto de vista prático.

É verdade que o que é saliente, que sobressai arrasta a atenção de maneira mais imediata. É preciso frequentemente uma atitude mental de um freio interno para impedir o início da corrida para o ponto diferenciado. O que acontece do ponto de vista físico, acontece também do ponto de vista psicológico. Existe uma tendência a nos fixarmos naquilo que nos é trazido como sendo o certo, o necessário, o justo.

Em termos de psicoterapia, por exemplo, será que o tema, a figura trazida pelo cliente é o campo de força real, ou seu campo de força é o resto, o não apresentado, o "vazio"?

Para onde deve o psicoterapeuta levar sua atenção: para o tema ou para o fundo, para o visível ou para o não visível, para o cliente ou para sua palavra, e na sua palavra, para a figura ou para a comunicação total?

Trabalhar o cliente como um todo (corpo e mente) parece ser um meio de compreensão de campo psicológico.

O comportamento, portanto, ocorre sempre num meio de campo comportamental. Para que nossa ação seja total é preciso que nosso campo comportamental seja somado ao comportamento que estes campos requerem.

A ação psicoterapêutica, portanto, será eficiente na razão em que estiver atenta ao campo único formado pelo campo vivido pelo cliente e pelo psicoterapeuta.

Assim, campo total = campo do cliente + campo do psicoterapeuta + ego do cliente + ego do psicoterapeuta.

O campo comportamental de Kurt Lewin inclui o que aqui estamos chamando de campo total.

Tento, assim, eliminar a dualidade corpo-mente. O mundo comportamental não é feito de força física e de força da mente, um controlando o outro. O homem não é feito de domínios separados.

O que estamos propondo é um discurso único para explicar este lócus, este *status* ontológico do comportamento, onde *todos* os eventos possam ocorrer.

O organismo é um sistema físico-químico que funciona dentro de um campo do meio geográfico. Suas ações devem, portanto, ser explicadas em função dos processos que se exercem dentro deste sistema.

"A psicologia funciona em diferentes níveis e, em alguns deles, o meio comportamental pode ser, se não o campo total, pelo menos parte dele" (*Ibidem*, p. 61) ou seja, a totalidade do nosso comportamento não é explicável só em termos do meio comportamental. Existem os reflexos que escapam à consciência de quem os sente, parecem existir mais em função de um meio geográfico que comportamental. De outro lado, existem forças que determinam o comportamento, fora do meio comportamental, como, por exemplo, aquelas formas que emanam do inconsciente. Existe a memória que tem um modo específico de atuar no comportamento. A experiência de um jogador de futebol em jogar futebol é diferente da experiência vivenciada por ele no momento em que está jogando.

Mais uma vez, pois, afirmamos que o campo psicológico é diferente do campo comportamental e mais uma vez devemos reafirmar a relação crucial entre consciência e processos fisiológicos ou entre o campo comportamental e o fisiológico.

> Não pensemos nos processos fisiológicos como fenômenos moleculares, mas como molares [...] Pois, se são molares, suas propriedades motoras serão as mesmas dos processos conscientes em que se presume estarem aqueles subjacentes. E, sendo assim, nossos dois domínios, em vez de estarem separados por um abismo inultrapassável são conjugados ao máximo, com a consequência de que podemos usar nossas observações do meio comportamental e do comportamento como dados para a elaboração concreta de hipóteses fisiológicas. Portanto, em vez de termos apenas uma espécie de tais processos, devemos lidar com tantos quantos diferentes processos psicológicos existirem, devendo ser a mesma a variedade das duas classes. (*Ibidem*, p. 68)

Este é o isomorfismo proposto por Wertheimer. Podemos usar a

> observação do campo comportamental e do comportamento fenomenal como material para uma teoria fisiológica, aumentando assim grandemente seus dados empíricos, pois, como afirmou Köhler, toda observação é observação de fatos comportamentais da experiência direta. Através de uma seleção

cuidadosa de tais fatos, tornou-se possível desenvolver a ciência da física, embora a relação entre o meio comportamental e o geográfico seja indireta. Entre estes dois mundos, servindo de intermediários, estão os processos fisiológicos dentro do organismo. Logo, se podemos usar o mundo comportamental a fim de obter uma compreensão íntima do geográfico, por que não será também possível derivar deste estudo uma introvisão dos processos fisiológicos? (*Ibidem*, p. 72)

Para citar Köhler (1920, p. 60):

Não existe razão alguma para que se considere impossível a construção de processos fisiológicos diretamente subjacentes na experiência, se a experiência nos permite a construção de um mundo físico exterior, com o qual está relacionado de um modo mais ou menos íntimo.

E ainda: "Qualquer experiência real está, em todo caso, não só cegamente vinculada a seus processos psicofísicos correspondentes, mas, além disso, é-lhe afim em propriedades estruturais essenciais" (*Ibidem*, p. 193).

Assim, o isomorfismo, um termo que subentende igualdade de forma, enuncia francamente o princípio de que o "movimento dos átomos e moléculas do cérebro" não é "fundamentalmente diferente dos pensamentos e sentimentos"; antes, em seus aspectos molares considerados processos em extensão é idêntico. (Koffka, 1975, p. 73)

"Se os processos fisiológicos são processos em extensão, se eles são molares, e não moleculares, então escapamos ao perigo de abandonar o comportamento molar em favor do molecular" (*Ibidem*, p. 74). Devemos, pois, escolher o campo fisiológico e não o comportamental como nossa categoria básica. E ao fazê-lo não só introduzimos como mantemos o meio comportamental, ainda que procuremos explicações fisiológicas que, neste contexto, serão sempre fornecidas pelo comportamento molar e não molecular.

O comportamento, portanto, se realiza num campo psicofísico, o qual possui uma organização sua própria. Nele existem ego e meio e cada um deles tem, por sua vez, uma estrutura própria.

O isomorfismo não é apenas uma saída químico-física para compreender a relação existente entre elementos distintos que, porém, funcionam de maneira idêntica, dinamicamente, conservando sua individualidade. Do ponto de vista fenomenológico, ele amplia a discussão para a necessidade de um discurso da totalidade e sobre a totalidade funcionante. Não precisamos de um discurso do corpo e outro da mente. O organismo, visto como uma realidade psicofísica, é a resposta unitária da totalidade.

Este discurso da totalidade é o discurso da Gestalt-terapia que, neste contexto, tem no isomorfismo um protótipo, uma analogia do agir tecnicamente na procura seja do todo, seja da parte, como ponto referencial da totalidade.

Assim, toda esta argumentação se torna extremamente útil para uma maior compreensão da Gestalt-terapia.

Podemos perceber movimentos concretos da Gestalt-terapia em trabalhar o corpo como um todo, isto é, não apenas o corpo físico, mas na sua relação com o ambiente. Nós todos sabemos desta dupla realidade, da influência de um sobre outro, mas o que procuramos fazer aqui foi reduzir estes dois universos a um só e formular um único discurso que pudesse tornar clara esta relação.

O comportamento molar ficou evidenciado como um comportamento do todo psicofísico e é esta realidade que se tornou objeto de nossa reflexão crítica.
Concluamos, mais uma vez, com Koffka (*Ibidem*, p. 78):

> Portanto, se quisermos estudar o comportamento como um evento no campo psicofísico, devemos adotar as seguintes medidas:
> 1. Devemos estudar a organização do campo ambiental, o que significa que:
> a) devemos descobrir as forças que o organizam, em seus objetos e eventos separados;
> b) as forças que existem entre esses diferentes objetos e eventos;
> c) como estas forças produzem o campo ambiental, como o reconhecemos em nosso meio comportamental.
> 2. Devemos investigar como estas forças podem influenciar os movimentos do corpo.
> 3. Devemos estudar o ego como uma das principais partes do campo.
> 4. Devemos mostrar que as forças que ligam o ego às demais partes do campo são da mesma natureza que as que existem entre diferentes partes do campo ambiental, e como produzem comportamento, em todas as suas formas.
> 5. Não devemos esquecer que nosso campo psicofísico existe dentro de um organismo real que, por sua vez, existe num meio geográfico. Desta maneira, as questões da verdadeira cognição e do comportamento adequado ou adaptado também entram em nossos programas.

Estes cinco princípios nos fornecem linhas para um estudo mais aprofundado de pesquisas básicas no campo da Gestalt-terapia.

Não basta dizer que nosso organismo é também nosso campo psicofísico e, em função disto, montarmos um conjunto de técnicas baseadas nesta noção de unidade. É importante, do ponto de vista científico, que cada Gestalt-terapeuta não seja um experimentador, mas um estudioso desta realidade que é o comportamento.

O conceito de campo nos conduz, como já vimos, àquele de totalidade onde meio geográfico e comportamental se unem em um único campo, o psicofísico, que é o lócus do comportamento. Este campo é a pessoa vista como um todo na sua relação dentro-fora com o ambiente que a circunda. A pessoa toda é o meio do campo psicológico com o qual o psicoterapeuta se relaciona diretamente e é aí que sua relação de trabalho encontra sentido.

Acredito que este estudo, embora resumido, do conceito de campo nos ajude a compreender melhor a teoria de Campo de Lewin, que é nosso próximo assunto.

TEORIA DE CAMPO DE LEWIN

Depois da apresentação da psicologia da Gestalt, faremos uma apresentação sucinta da teoria do campo, na tentativa de, num crescendo, buscar as origens da Gestalt-terapia e fazê-la mais inteligível sob o ponto de vista do processo psicoterapêutico.

Esta fundamentação teórica da Gestalt-terapia nos ajuda a estabelecer um processo crítico, sobretudo da sua aplicação, sob o ponto de vista de técnica.

Não foi sem razão que Perls foi buscar também na teoria do campo uma maior compreensão do processo da psicoterapia no que ela encerra da aplicabilidade ao processo de aprendizagem e aos processos de grupo.

O conceito de campo nos auxilia na compreensão desta teoria que amplia colocações já feitas anteriormente.

A Gestalt-terapia afirma que a pessoa deve ser vista como um todo, ou seja, que seu comportamento só se torna compreensível a partir de sua visão dentro de um determinado campo com o qual ela se encontra em relação.

Vimos anteriormente que:

> o dogma principal da psicologia gestaltista é determinado pelo contexto ou configuração total em que o objeto está envolvido. A percepção é determinada pelas relações entre os componentes de um campo perceptivo e não pelas características fixas dos componentes individuais. (Hall e Lindzey, 1971, p. 231)

Em outros termos, o campo tem diversos pontos e fontes de força, formando, eu diria, uma rede, um todo de forças. Minha percepção vai depender desta rede. Digamos que um cliente é um campo. Sua roupa, sua idade, seus sapatos, seu perfume são "forças" nesta rede. Minha percepção total dele vai depender do modo como este todo de forças chega até mim.

Assim, objetos e pessoas só se fazem inteligíveis ou compreendidos quando são vistos na sua relação total com o ambiente que os cerca, ou seja, a pessoa não se faz compreensível a não ser no contexto total em que se encontra.

O comportamento deixa de ser entendido apenas como resultado da realidade interna da pessoa e passa a ser analisado em função do campo que existe no momento em que ocorre. A situação comportamental é vista como um todo, da qual decorrem partes diferenciadas.

A pessoa é vista na sua representação espacial, a qual pode ser expressa até matematicamente, enquanto descreve relações espaciais, ou seja, a pessoa é sempre vista dentro de um espaço maior que ela.

Lewin representa a pessoa como um círculo fechado no seu isolamento do resto do universo. Tudo que está dentro do círculo é pessoa (P), o que está fora é não pessoa (não P).[3]

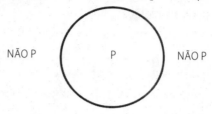

Figura 1

Apesar, portanto, de a pessoa ser um universo fechado, este universo fechado se encontra necessariamente dentro de um universo mais amplo, com o qual se encontra necessariamente em relação.

Daí decorrem, segundo Lewin, duas propriedades:

1 – Diferenciação, ou seja, separação do resto do mundo por meio de um limite contínuo, e 2 – Relação parte-todo, que é a inclusão da pessoa num universo mais amplo (*Ibidem*, p. 238).

Nosso interesse, entretanto, na compreensão do comportamento nos leva a prestar atenção nos limites e na parte exterior da realidade da pessoa.

É o que Lewin chama de *meio psicológico*, que é assim representado:

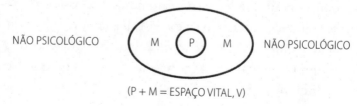

Figura 2

---

3. As figuras que aparecem nesta seção foram reproduzidas da obra *Teorias da personalidade*, de C. S. Hall e G. Lindzey, com autorização da Editora Pedagógica e Universitária (EPU).

O *meio psicológico* é representado pela área M. A área total dentro da elipse, mais P, constitui o *espaço vital*.

O não psicológico é considerado o mundo físico, embora ele inclua ou possa incluir fatos sociais.

A teoria leviniana é uma teoria estrutural onde os conceitos de pessoa, meio e espaço vital se tornam fundamentais.

O espaço vital, portanto, é mais complexo, como conceito, que o meio psicológico. O espaço vital é onde o comportamento ocorre.

Usando uma terminologia já conhecida, podemos dizer que o espaço vital é o equivalente do meio geográfico somado ao meio comportamental.

A pessoa, por conseguinte, ao mesmo tempo em que se individualiza, enquanto separada do resto do mundo, se "comuniza" incluída num universo mais amplo. É nesta segunda dimensão que ela chega até nós e se faz compreensível.

Seu espaço vital é a sua própria expressão e revela a relação estabelecida entre sua realidade espacial e existencial.

Este conceito, mais operacionalizado, nos pode ajudar, em termos de psicoterapia do campo psicofísico, a compreender de que maneira o espaço vital funciona no sentido de revelar a pessoa que nele se movimenta.

Como diz Lewin, o espaço vital funciona como um mapa, que encerra todas as condições para se compreender como funciona uma cidade ou uma região. Assim como não basta conhecer uma rua para se conhecer uma cidade, do mesmo modo não basta conhecer um problema para se dizer que se conhece uma pessoa. Mais uma vez, a relação parte-todo torna claro o processo para a compreensão do comportamento. Não se trata de uma noção teórica, mas do sentido prático da relação. Se eu conheço apenas *uma* rua, não posso dizer que conheço a cidade, mas aquela rua dá sua contribuição para que a cidade possa ser compreendida como tal. Ou seja, a cidade é muito da rua e a rua é muito da cidade. Costumamos dizer, por vezes, que se se conhece uma rua em determinada cidade, conhece-se a cidade. A cidade é "responsável" pela rua e vice-versa. Troque-se cidade por cliente, rua por problema e a comparação se torna extremamente útil.

> O espaço vital é o universo do psicológico, é o todo da realidade psicológica; contém a totalidade dos fatos *possíveis*, capazes de determinar o comportamento do indivíduo; inclui *tudo* que é necessário à compreensão do comportamento concreto de um ser humano individual em um dado meio psicológico e em determinado tempo. O comportamento é uma função do espaço vital: $C = F(V)$. (*Ibidem*, p. 239)

O homem é um ser do universo e no universo. A relação entre eles é não apenas cósmica e existencial, mas dinamicamente influente, modificadora, transformadora. Esta noção é muito ampla e consequentemente de difícil acesso em termos práticos. Podemos dizer, por exemplo, que as pessoas que apresentam os chamados problemas existenciais são aquelas que estão lidando difusamente com seus limites dentro desta concepção de espaço vital.

Não obstante o espaço vital ser distinto e separado do mundo físico, nós sabemos que um influencia materialmente o outro. Fatos psicológicos podem alterar o mundo físico e vice-versa.

É necessário, no entanto, que se estabeleça a natureza dos fatos que existem nos limites do espaço vital para que se possa também dizer da possibilidade deles ou não.

Esta comunicação entre os dois domínios se chama de *propriedade de permeabilidade*. Note-se, porém, que pessoa e mundo físico não podem se comunicar diretamente, mas é preciso que os fatos se encontrem primeiro no meio psicológico, como se pode verificar na Figura 2.

Tudo que está fora do *meio psicológico*, ou seja, o que pertence ao não psicológico = mundo físico só pode entrar em contato direto com a pessoa através do meio psicológico. Isto significa que se pode funcionar em níveis diferentes no que se refere a contato ou a limite do contato que se estabelece com a realidade. Aquilo que não pertence ao espaço vital permanece no campo das hipóteses ou, melhor dizendo, da fantasia. Algo adquire realidade objetiva no momento em que é trazido para dentro do espaço vital. Assim, ideias ou coisas sobre as quais não se tem nenhum poder permanecem no campo das antecipações, como se diz em Gestalt-terapia, pois algo se torna pessoalmente real no momento em que se tem algum tipo de poder sobre ele.

Uma pessoa, uma árvore e até uma fantasia não estão *per se* no meio psicológico de alguém; esta pessoa, esta árvore têm de ser trazidas a este meio para se fazerem compreensíveis.

A técnica, por exemplo, do "tornar-se presente", da "cadeira vazia" e outras da Gestalt-terapia estão baseadas nestas relações, enquanto tentam trazer algo do não psicológico para o espaço vital.

Os fatos, quando tratados no presente – uma emoção, uma fantasia – saíram do não psicológico, da mera possibilidade e penetraram através da permeabilidade no meio psicológico e *estão* na pessoa, agora. Predizer acontecimentos ou comportamentos equivale, ao lidar com o não psicológico, a um espaço vital. Pois,

> não se pode esquecer que o meio psicológico termina no perímetro do círculo, assim como o mundo não psicológico termina no perímetro da elipse. Contudo, o limite entre pessoa e meio é também permeável. Isto significa que os fatos do meio podem influenciar a pessoa, $P = F(M)$, e que os fatos relativos à pessoa podem influenciar o meio, $M = F(P)$. (*Ibidem*, p. 244)

Nós representamos a pessoa como um círculo vazio. A pessoa, no entanto, não é homogênea, mas heterogênea. Esta região, sendo dividida em partes, nos ajuda a compreender que a pessoa não é perfeita e nos ajuda a compreender que estas partes, ao mesmo tempo que são interdependentes, são também intercomunicantes.

A Figura 3 nos mostra a pessoa como possuindo duas partes. Uma íntima, talvez inconsciente, separando-a do meio. A outra, formada por uma dupla realidade: uma área perceptiva e uma motora. Assim a pessoa é separada do meio por uma tríplice realidade: sua realidade intrapessoal e sua capacidade perceptiva e motora (PM).

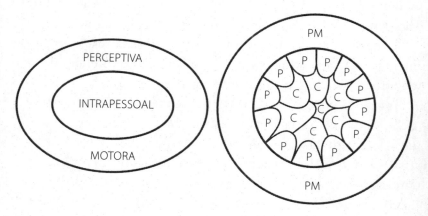

Figura 3 *Figura 4*

A parte interpessoal, por sua vez, é dividida em células periféricas (P) e centrais (C), Figura 4.

Quando o movimento é de dentro para fora, ele envolve a região perceptiva.

Também o meio não é uma realidade homogênea. Se tal acontecesse, a pessoa gozaria de uma perfeita liberdade de movimento. O meio, portanto, é também dividido em regiões.

A Figura 2 pode ser representada assim:

Figura 5

Existe, portanto, uma diferenciação entre a pessoa (PM + I) e seu meio (M).

Uma *pessoa*, portanto, em um dado *momento*, em uma *situação psicológica concreta*, poderá assumir tantos comportamentos quantas forem as possibilidades de combinações entre as sub-regiões do meio e as células da esfera intrapessoal.

Uma análise estrutural da situação revelará quantos comportamentos psicológicos são possíveis naquele momento. Eles vão depender de todo um sistema de relação que se estabelecerá entre as diversas partes do espaço vital e do não psicológico, se no caso ele estiver também presente. É fácil, então, entender que a totalidade das relações apreendidas como um todo compreensível conterá a chave de explicação da realidade.

Quando afirmamos que nossa proposta psicoterapêutica parte da compreensão da totalidade, estamos dizendo também que a Gestalt-terapia tenta ser uma terapia do todo. Quando, por exemplo, um cliente chora, entendemos que todo o seu corpo chora e não apenas seus olhos. Ele é um choro. Ainda quando ele não sabe por que chora ou respira fundo (movimentos vindos da região intrapessoal), o seu choro surge, sua respiração se aprofunda. Através da permeabilidade da região intrapessoal com a perceptiva motora, o choro, a respiração aparecem como uma Gestalt, fruto de uma relação interna. Toda a pessoa está envolvida no choro, na respiração: ela é choro, ela é respiração naquele momento. O cliente entender seu choro, sua respiração, sua tensão é entender-se como todo. Uma tensão desbloqueada (região motora) significa um desbloquear da pessoa como um todo, dentro da visão estruturalista do campo que estamos desenvolvendo.

Não existe dependência, mas interdependência dentro de cada região da pessoa e de região para região.

A análise dinâmica das regiões nos leva a diversas afirmações cuja aplicabilidade na Gestalt-terapia se torna importante.

A permeabilidade entre regiões e entre a pessoa e o meio é uma realidade. Em termos práticos, frequentemente assistimos, por exemplo, a um retorno à homeostase, quando se termina um trabalho. Imaginemos uma pessoa que está muito tensa e se faz com ela um trabalho de fantasia dirigida. Depois de algum tempo, afirma estar sentindo-se bem e que a tensão desapareceu. Observe-se que não foi feito diretamente um trabalho de corpo no sentido de eliminar a tensão e, no entanto, esta desaparece. A permeabilidade, portanto, funciona como uma propriedade facilitadora de busca de equilíbrios.

A partir do princípio da permeabilidade, podemos dizer que duas regiões estão conectadas quando os fatos de uma são acessíveis à outra; duas regiões podem estar muito próximas ou afastadas em um determinado momento, dependendo da força de resistência apresentada pelas delimitações.

Uns clientes choram muito, outros só falam, outros choram e falam. Esta diferença está ligada ao problema da resistência apresentada pelos limites. Quando um cliente que só fala começa a chorar, houve uma comunicação de região, houve uma alteração no seu sistema de limites internos.

A delimitação de uma região com outra não é nem estática nem igual; por exemplo, alguns passam mais facilmente do racional para o corpóreo e outros do corpóreo para o racional. Antes de passarmos ao próximo conceito, lembremos uma distinção entre fato e acontecimento, que nos ajudará mais adiante. Lewin distingue entre fato e acontecimento. Um pasto, um boi, são fatos. Um boi pastando é um acontecimento. A interação de vários fatos, desse modo, gera um acontecimento.

O psicoterapeuta é um fato, o cliente é um fato, a relação psicoterapêutica é um acontecimento.

Além do princípio *proximidade-afastamento* (uma região se comunica mais facilmente com uma que com outra, por exemplo: maior união entre inteligência e corpo que entre inteligência e fantasia), do princípio *firmeza-fraqueza* (certas regiões são mais fáceis de ser penetradas que outras, por exemplo: corpo mais maleável que a razão), Lewin (*Ibidem*, p. 244) chama a atenção para o princípio *fluidez-rigidez*: "Meio fluido é aquele que responde prontamente a qualquer influência que incida sobre ele. Ele é flexível e influenciável. O rígido resiste à mudança". Por exemplo, uma pessoa que lida rigidamente com o meio ou lida de maneira suave, um repetidor e um artista, ou, de outro ângulo: uma pessoa que chora facilmente e outra que nunca chora.

Notemos também aqui a importância e as implicações que estes três princípios têm na prática da Gestalt-terapia, por exemplo: perceber quando uma emoção tem relação com outra, quando é firme ou fraca, fluida ou rígida e sobretudo captar seu significado dentro do campo, do espaço vital ou meio comportamental, pois é esta relação dinâmica que dita o que fazer em cada momento.

O campo é uma noção dinâmica e não estática.

As ações dentro do campo são *momentâneas* (como figura e fundo que se sucedem e se sobrepõem) em virtude das forças e da relação entre elas, operando dentro do campo.

Os campos, em um dado momento, são múltiplos, funcionando como sub-regiões do espaço vital, embora estes "sub-campos" se reorientem no sentido de uma totalidade significante. Assim, em termos de nossa proposta, podemos dizer que a relação psicoterapêutica é um campo, o cliente é um campo, o terapeuta é um campo. Cliente e psicoterapeuta são, ao mesmo tempo, um campo geográfico, psicofísico, contendo um espaço vital, um meio comportamental, na linguagem da psicologia da Gestalt e do campo.

Se as forças do campo, dada a sua dinamicidade, geram comportamentos "de momento", segue-se daí que a resposta que o gestaltista deve dar é a fluidez que facilita a criatividade. É como se o cliente expressasse uma figura, um tema, num fundo em permanente mudança.

O cliente é uma figura clara, imediata. Sua comunicação também é uma figura e, nesta figura, temas vários vão-se sucedendo como os quadrinhos de um filme. Existe, entretanto, entre eles uma dinâmica. O tema central será esta relação maior que, embora presente, compete ao psicoterapeuta descobrir. Não basta ser espectador de um filme para que se possa entendê-lo, mas é preciso que todo o ser do observador esteja presente para que os quadrinhos, isoladamente sem sentido, se façam inteligíveis.

O número de regiões na pessoa depende do número de fatos relacionados com ela.

> Toda vez que surge um novo fato, nova região é diferenciada do espaço vital e sempre que um fato desaparece ou se funde com outro, uma região também desaparece. [...] Os

fatos principais da região intrapessoal são chamados *necessidades* e os fatos do meio psicológico são chamados *valências*. Cada necessidade ocupa uma célula na região intrapessoal, e cada valência ocupa uma região separada no meio psicológico. (*Ibidem*, p. 257)

Quando duas regiões estão intimamente ligadas e são acessíveis uma à outra influenciando-se mutuamente, ocorre o que Lewin chama de *locomoção*. A locomoção ocorre no meio psicológico. Esta locomoção não significa um movimento físico através do espaço, mas uma relação dinâmica entre dois fatos em interação. Estes fatos podem estar "localizados" seja na região intrapessoal, seja na perceptiva motora, podendo-se estabelecer contatos mais ou menos profundos entre as duas regiões. A comunicação entre as regiões pode fazer-se em todos os níveis tal qual a locomoção. Ambas ocorrem através de interação entre fatos ou acontecimentos.

Lewin fala de três princípios: o da *conexão*, que se dá pela interação de dois fatos, o da *concreção*, que afirma que só fatos concretos no espaço vital podem produzir efeitos e o da *contemporaneidade*, segundo o qual só os fatos presentes podem criar um comportamento atual.

Estes três princípios que emanam de uma única realidade, o espaço vital, se completam, enquanto mostram o funcionamento paralelo de processos que, embora distintos, criam e facilitam a compreensão do comportamento. Diante do fato de que eles revelam muito didaticamente como os processos se interagem, é fácil concluir que eles podem ter uma aplicação útil na compreensão do processo psicoterapêutico.

Quando o psicoterapeuta "abandona", por exemplo, as palavras do cliente para lidar com fatos (o que sente, como sente), com o corpo nas suas manifestações psicossomáticas, ele está aplicando todos os três princípios, baseados na locomoção entre as regiões.

Lidar com uma emoção que se encontra na região perceptiva ou motora é lidar também com a região intrapessoal. Conduzir um trabalho em nível verbal pode produzir um alívio muscular e assim por diante, porque as diversas regiões estão em íntima comunicação e ocorrências de uma região passam para as outras.

Isto nos vem lembrar mais uma vez o sentido unitário do campo, o sentido de inteiro. Nada que acontece no campo é visto sozinho ou sem valor por si só. É o campo que é saudável, que é harmonioso ou não e não as suas partes. Todo comportamento psicoterapêutico deve visar ao equilíbrio do todo.

O princípio da contemporaneidade é também de grande utilidade na prática psicoterapêutica, ou seja, somente aquilo que se encontra no campo geográfico do psicoterapeuta e do cliente pode ser objeto da ação psicoterapêutica. Isto explica porque a Gestalt não trabalha nem com o ontem nem com o amanhã. Ela traz o ontem e o amanhã para o aqui e agora, porque, neste contexto, as forças dinâmicas do campo podem ser mais bem trabalhadas, "visualizadas" e operacionalizadas.

Essa comunicação e locomoção das regiões, causadas pelo trabalho dos fatos, podem produzir os mais diferentes efeitos, como alteração das regiões, diferenciação de limites entre zonas, maior fluidez ou enrijecimento de uma região, provocando uma *reestruturação do espaço vital*, como diz Lewin. Reestruturação do espaço vital significa um novo campo, uma nova Gestalt, seja com relação a um fato, seja com relação a um acontecimento, um novo modo de lidar consigo próprio ou com coisas suas, um desejo, uma fantasia etc.

O lidar pode ocorrer tanto no nível de uma locomoção verdadeira quanto irreal, ou seja: realidade e irrealidade. As pessoas podem *fazer* coisas (realidade) ou *pensar* em fazê-las (fantasia). Esses acontecimentos podem ocorrer em nível de região perceptiva motora ou intrapessoal como figura, como ação imediata do psicoterapeuta, com consequente mudança no fundo, no espaço vital, no meio comportamental.

É importante lembrar que toda e qualquer mudança ocorre sempre dentro de um campo experiencial.

Quando falamos que a Gestalt-terapia se fundamenta na teoria do campo, queremos dizer não apenas que ela se serve dos conceitos estruturais do campo, como até aqui expusemos, mas que se serve dos conceitos dinâmicos do campo, de alta aplicabilidade para ela e sobre os quais faremos agora uma sucinta exposição.

Energia: estamos falando de energia psíquica. Trata-se de uma força presente no ser humano e que é ou está localizada em algum sistema. Uma emoção, por exemplo, é uma forma de energia presente no campo (corpo da pessoa) e que produz nele um efeito alterando sua atividade perceptiva ou motora. Essa energia pode estar presente seja em uma destas regiões, seja na região intrapessoal. Ela se amplia ou se revela, sobretudo, através de estímulos externos ou de uma mudança interna.

Trabalhar uma energia significa atingir todo o campo.

Tensão: significa um estado alterado de uma região com relação a outra região. Quando um sistema está em tensão, tende a espalhá-la para os outros sistemas, quebrando a tensão. Uma lembrança, uma emoção podem alterar os sistemas de equilíbrio da região. Uma tensão pode ficar em uma só região (memória, músculos) ou se expandir. Estado de equilíbrio nos sistemas não significa que não exista tensão no campo.

Quando uma pessoa está tensa pode não conseguir pensar corretamente, quando uma pessoa está fisicamente cansada pode não conseguir pensar ou dormir etc. Trata-se aqui de como uma região influencia a outra.

Como o conceito de campo forma uma Gestalt, trabalhar uma região significa operar em todo o campo.

Necessidade: uma necessidade surge sempre que se sente que uma tensão ou energia se diferencia em uma determinada região. Essa necessidade pode ser um desejo, um motivo, fome, sede, sexo etc. As necessidades podem ser múltiplas.

As necessidades tendem a emergir. Quando ela emerge e é satisfeita, o campo recupera seu equilíbrio. Importa, no entanto, distinguir uma necessidade verdadeira de uma falsa.

Quando, por exemplo, em psicoterapia se trabalha uma necessidade não identificada ou falsa, a homeostase não acontece e pode produzir tensão em outro sistema.

As necessidades estão muito ligadas ao meio, campo geográfico, social, econômico, afetivo em que a pessoa vive.

Valência: ligado ao problema das necessidades está o problema do valor que se dá a essa necessidade. É o que Lewin chama de *valência*. Algo terá valência positiva quando reduz a tensão de uma região e negativa quando produz tensão.

"As valências positivas atraem, as negativas repelem... Uma valência não é uma força. Ela dirige a pessoa através do seu meio psicológico, mas não provê a pessoa do poder motivador para locomover-se." (*Ibidem*)

Isso explica certas colocações de nossos clientes que querem mudar, mas não conseguem. Eles sabem o caminho, sabem o que fazer, mas se dizem sem forças para mudar, para locomover-se de fato rumo à solução, pois como vimos "nem mesmo um sistema em estado de tensão produz uma locomoção" (*Ibidem*, p. 258).

Para tanto, é necessário outro conceito: força ou vetor.

Força ou vetor: para que a mudança se opere, para que aconteça uma "locomoção psicoterápica" precisamos do conceito de força ou vetor.

Atrás de toda tensão existe uma necessidade. Trabalhar uma tensão muscular, por exemplo, significa ir à busca de uma ou das necessidades que provocam a tensão. A força está ligada à necessidade e não à tensão. A força existe no meio psicológico e a tensão no sistema intrapessoal (ver Figura 2). É necessário, portanto, que haja uma locomoção de força de uma região para outra para que o espaço vital seja reestruturado. Quando se reestrutura positivamente o espaço vital, significa que ocorreu "uma cura", uma mudança existencial.

A força tem três propriedades: *direção, energia, ponto de aplicação*. Essas propriedades podem ser representadas matematicamente pelo vetor:

> A direção dada pelo vetor representa a direção da força, a extensão do vetor representa a energia da força, e o ponto de aplicação é aquele lugar, fora da delimitação da pessoa, atingido pela seta. O vetor é sempre desenhado do lado de fora da pessoa (Figura 6), e nunca do lado de dentro, porque as forças psicológicas são propriedades do meio e não da pessoa. (*Ibidem*, p. 258)

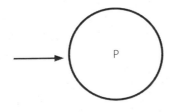

Figura 6

Quando alguém está no impasse, fica impossibilitado de agir. A confusão cria a impossibilidade de opções novas. Perls afirma que isso acontece porque o suporte interno se tornou insuficiente e o externo ainda não se tornou claro o suficiente para gerar uma nova energia de mudança. Tecnicamente a mudança se dá quando se clareiam para o cliente estes três momentos: direção, energia e ponto de aplicação. O ato de querer, de fato, significa que a pessoa sabe e quer ir em alguma direção definida, sente-se com energia para caminhar, sabe onde se encontra e para onde ir.

O ato psicoterapêutico, na sua criatividade, deve permitir ao cliente se situar nessas dimensões.

Quando existe uma força atuando sobre alguém, ela se movimenta naquela direção; quando existem muitas forças, sua locomoção (seu modo de ser e estar) será determinada pela relação destas forças no meio.

Neste sentido, podemos dizer que uma pessoa pode ser puxada tanto por uma força negativa quanto positiva, embora seja arrastada de modo diferente para cada uma delas.

"A força de um vetor está relacionada com a força da valência (valor), com a distância psicológica entre pessoa e valência e com a potência relativa de outras valências" (*Ibidem*, p. 233).

Psicoterapeuticamente falando, a ação do psicoterapeuta só poderá surtir efeito se estes três elementos forem de fato analisados e trabalhados, ou seja: o trabalho tem de ter uma direção, uma energia própria, um ponto real e concreto de ação.

Depois que o cliente descobre algo, ele precisa saber e sentir que direção tem esse sentimento, com que tipo de energia ele pode contar, onde exatamente começar ou o que fazer. Ele tem de saber o que, de fato, quer. Não basta o cliente saber que descobriu o que o preocupa. O problema é o como sair do conflito.

A reestruturação do espaço vital, do campo existencial, supõe, portanto, esse tríplice movimento que o cliente tem de descobrir ou no qual ele "deve ser ensinado" a trabalhar.

Somente uma locomoção completa poderá produzir um equilíbrio em um processo de recuperação da própria realidade através da tensão reduzida em determinada região.

A redução da tensão se faz com um trabalho paciente através da localização das necessidades básicas (*Ibidem*, p. 330).

Faz-se necessário um trabalho mais longo e mais aprofundado para que possamos tirar da teoria do campo tudo aquilo que ela nos oferece como subsídios à compreensão do processo psicoterapêutico.

Ela é útil na compreensão do trabalho individual e fica um campo aberto como informações das leis dinâmicas do campo no que se refere ao trabalho com grupos. O modelo lewiniano, através do conceito de campo e suas leis, se aplicado à compreensão dos processos dinâmicos grupais, se torna uma fonte quase inesgotável de compreensão do movimento interno do grupo.

TEORIA ORGANÍSMICA DE KURT GOLDSTEIN

Ampliando ainda mais as teorias de base da Gestalt-terapia, vamos procurar na teoria organísmica de Goldstein mais explicação e compreensão do processo psicoterapêutico.

A teoria organísmica foi explicada e exposta por vários autores, tentando reduzir a divisão do indivíduo, proposta por Descartes, em mente e corpo, a atomização da mente proposta por Wundt, tentando mostrar o indivíduo como um todo unificado, como um campo integrado e não como dividido em sentimentos, sensações, emoções, imagens etc.

A psicologia da Gestalt não pode ser considerada uma teoria organísmica, embora esta tenha absorvido inúmeros conceitos daquela, pois a psicologia da Gestalt se limitou muito aos fenômenos de tomada de consciência e falou pouco do organismo como um todo.

Estudioso da neurologia, Goldstein chegou à conclusão de que um sintoma não podia ser considerado ou compreendido a partir apenas de uma lesão orgânica, senão a partir da consideração do organismo como um todo.

Como dizia Goldstein (*Ibidem*, p. 332), "o organismo é uma só unidade; o que ocorre em uma parte, afeta o todo".

Resumamos, no que diz respeito à pessoa, o que existe de comum entre todas as teorias organísmicas.

1. *A pessoa é una, integrada e consistente.* A organização é natural ao organismo. A desorganização é patológica.
2. *O organismo é um sistema organizado, com o todo diferenciado em suas partes.* Qualquer elemento deve sempre ser visto como parte integrante do organismo total. O todo não pode ser compreendido pelo estudo das partes isoladas. O todo é regido por leis que não se encontram nas partes. O todo é o seu próprio princípio regulador. Não existe uma lei que, regulando as partes, formaria ou explicaria o todo.
3. *O homem tem um impulso dominante de autorregulação, pelo qual é permanentemente motivado.* Ele está em permanente procura de atualizar suas potencialidades. Esse impulso dá duração e unidade à sua vida, como pessoa.
4. *O homem tem dentro dele as potencialidades que regulam seu próprio crescimento, embora possa e receba influências positivas de crescimento do meio exterior, as quais ele seleciona e utiliza.* O meio, entretanto, pode forçar a pessoa a adaptar-se a fatos estranhos à sua natureza. Desenvolver-se em um

meio apropriado significa formar uma personalidade sadia e integrada. "Não há nada que seja naturalmente 'mau' no organismo; faz-se 'mau' por interferência do ambiente inadequado" (Ibidem, p. 332).

5. *A teoria organísmica se utiliza dos princípios da Psicologia da Gestalt, enquanto funções isoladas, como percepção e aprendizagem que ajudam na compreensão do organismo total.* Ela amplia a topologia de Lewin, incluindo no campo, além da realidade psicológica, o organismo biológico.

6. *"A Teoria Organísmica acredita que se pode apreender mais em um estudo compreensivo da pessoa do que em uma investigação exclusiva de uma função psicológica isolada e abstrata de muitos indivíduos"* (Ibidem, p. 335).

Parece óbvio que esses princípios estão interligados de uma maneira coerente e profunda e interligados com toda a argumentação anterior no sentido de formar um só campo teórico no qual temos baseado nossa proposta de trabalho.

Por tudo o que se disse antes, a relação entre estes princípios e os da Gestalt-terapia parece evidente, sobretudo a concepção positiva do homem, caracterizado por um impulso de autorregulação, no qual sua energia de vida se transforma na expressão clara de sua atualização.

Acrescente-se ainda que esses princípios que Goldstein induziu de suas pesquisas sobre o organismo resultam em um verdadeiro credo filosófico, onde o homem não é visto isoladamente, mas incluído, inserido na sua humanidade. Esses princípios criam uma profunda credibilidade no ser humano e promovem aquela atmosfera de harmonia interna e externa que facilita e promove o contato, a relação psicoterapêutica.

Goldstein usa ainda os conceitos de *figura* e *fundo* como os principais conceitos estruturais explicativos do organismo.

O organismo é visto como um todo, composto, contudo, de membros diferenciados, embora em íntima articulação. Essa harmonia se mantém normalmente, sendo modificada apenas por fortes estímulos, como uma tensão alta.

O organismo se expressa ora como figura ora como fundo.

A figura é tudo aquilo que emerge do fundo e o diferencia. A figura é, portanto, a principal atividade do organismo. Dentre as diversas atividades do organismo, aquela que se destaca é a figura.

O fundo se apresenta como uma realidade contínua, que circunda a figura e lhe dá limites. Uma figura, embora destacada do fundo, mantém-se ligada a ele e recebe dele sua origem e explicação.

Surgem sempre novas figuras quando o organismo inicia uma atividade diferente e, dependendo do que se vai fazer, a natureza do organismo faz surgir um tipo ou outro de figura.

Goldstein distingue entre *figura natural* e *não natural*.

A figura é natural quando existe uma relação natural entre a figura e a totalidade do organismo e, ainda, "quando representa uma preferência da pessoa e quando o comportamento é ordenado, flexível e apropriado para a situação".

A figura é não natural "quando se apresenta isolada do organismo total e seu fundo é também uma parte isolada do organismo... representa uma tarefa imposta à pessoa e resulta em um comportamento rígido e mecânico" (*Ibidem*, p. 336).

A decorrência direta da distinção entre figuras natural e não natural é que o organismo se atualiza no momento em que as necessidades são satisfeitas segundo uma ordem preestabelecida pela própria natureza. Toda e qualquer forma de violência descaracteriza essa ordenação interna para o equilíbrio interior.

Como o organismo, assim também qualquer forma de psicoterapia baseada no equilíbrio organismo-ambiente procura atualizar, levar à plena realização o movimento emergente através das figuras naturais.

Estamos insistindo sempre que o cliente, que o organismo devem ser vistos como um todo e, consequentemente, devem também ser tratados como um todo, ou seja, não basta pensar que o cliente é um todo, mas também agir com ele como um todo. Como consequência, qualquer atitude do psicoterapeuta que não leve em conta essa entrada harmoniosa no todo o secciona e confunde.

Além de afirmarmos que o cliente é sempre figura e o psicoterapeuta fundo na relação psicoterapêutica, o próprio cliente vai expressando uma sucessão de figuras (temas) na sua comunicação.

O psicoterapeuta, quando propõe um experimento fora de hora, quando faz uma intervenção inadequada, quando trabalha sem prestar suficiente atenção ao movimento do cliente, está "transformando" o cliente numa figura não natural, porque "está impondo à pessoa uma tarefa que resulta em um comportamento rígido e mecânico" como diz Goldstein. Nessa hora, o organismo se divide, deixa de ser tratado como um todo, a relação entre cliente e psicoterapeuta também perde sua característica unitária, o campo comportamental (relação cliente-psicoterapeuta) perde sua orientação, cliente e psicoterapeuta jogam em times diferentes. É como se o cliente estivesse hipnotizado, ele é conduzido, mas não se conduz.

O contrário acontece quando psicoterapeuta e cliente se encontram no mesmo campo comportamental, ambos "vivenciam" o mesmo meio comportamental, o mesmo espaço vital, e a ação psicoterapêutica flui da harmonia e equilíbrio do campo. Aqui o cliente produz ações (figuras naturais) em íntima relação com seu fundo (organismo e psicoterapeuta), o que faz que ele próprio descubra o que procura e como lidar com suas descobertas. De certo modo, o psicoterapeuta apenas mostra a ele o que já estava nele, o que ele já possuía, ou seja, faz que o cliente tome posse de si próprio.

Goldstein, além dos conceitos estruturais de figura e fundo, apresenta alguns outros como: *realização,* que são as atividades voluntárias e conscientes; *atitudes,* que são os sentimentos e outras experiências internas; e *processos,* que são funções orgânicas experimentadas indiretamente (*Ibidem*, p. 337).

Apresenta também três conceitos dinâmicos que são de utilidade para o trabalho da psicoterapia:

1º) *Equalização ou centragem do organismo*
Goldstein postula a presença no organismo de uma energia que é constante e que tende a distribuir-se igualmente no organismo. Essa energia é um estado de tensão normal, ao qual o organismo retorna sempre que foi estimulado, interna ou externamente, a sair dessa tensão normal ou energia. Esse retorno é que se chama de equalização; por exemplo, quando alguém está nervoso e retorna à calma.

Uma pessoa normal não é aquela que descarrega a tensão, mas aquela que sabe distribuí-la. Distribuindo a tensão, ela alcança finalmente um nível; esse nível, no qual a tensão se equilibra, se chama centragem.

Uma pessoa com alto nível de centragem está mais apta a lidar com o ambiente externo e a realizar-se a si própria mais eficientemente.

"O princípio da equalização explica a consistência, a coerência e a ordenação do comportamento, apesar da influência de estímulos perturbadores" (*Ibidem*, p. 337).

Em Gestalt-terapia, temos frequentemente a oportunidade de lidar tanto com a equalização quanto com a centragem da energia. Tais princípios têm muito a ver com os sistemas de

Lewin, onde a permeabilidade das regiões produz não só a distribuição da energia como a centragem no nível próprio. Lembremos, mais uma vez, que equilíbrio ou centragem não significam ausência de tensão.

Parece que a função da psicoterapia não é apenas a equalização, mas a centragem, pois "a centragem total, ou o equilíbrio completo, é um estado holístico ideal raramente conseguido" (*Ibidem*).

Quando fazemos um trabalho verbal de conteúdo tenso, ou corporal com identificação de tensão muscular, por exemplo, estamos, em primeiro lugar, buscando a equalização, ou seja, a distribuição de energia para outros sistemas do organismo, e segundo, procuramos a centragem, ou seja, conduzir a pessoa a um nível ideal de energia, onde ela se torna eficiente e criativa.

2º) Autorrealização

Para Goldstein, a autorrealização é o único motivo do organismo. As necessidades, sejam elas quais forem, fome, sexo, afeto etc., são manifestações do propósito soberano da vida de autorrealizar-se.

A autorrealização do organismo total só se completa pela satisfação das necessidades. "A autorrealização é uma tendência criativa da natureza humana. É o princípio orgânico pelo qual o organismo se desenvolve plenamente" (Goldstein, 1939, p. 111-2).

Quando um desejo se torna realidade, uma nova energia nasce no indivíduo. Desejos e necessidades são quase sempre estados deficitários a que as pessoas aspiram satisfazer, são como buracos da personalidade que devem ser preenchidos.

Toda psicoterapia visa a um crescimento no sentido de uma autorrealização cada vez mais plena.

O neurótico é frequentemente alguém que lida mal com suas necessidades, que impede sua autorrealização, alguém com permanentes e, às vezes, graves desejos inacabados.

Esse conceito de autorrealização tem, portanto, uma ligação direta com o que chamamos de Gestalt acabada. Costumamos dizer que a Gestalt-terapia é uma tentativa, uma proposta de lidar com essas necessidades, esses desejos, esses buracos que impedem a centragem, a harmonia do organismo. Fechar uma Gestalt significa equalizar energia e talvez conduzi-la a uma centragem optimal. Podemos dizer que o campo psicofísico está em harmonia interna ou ainda que o meio geográfico e o comportamental estão identificados nas necessidades.

3º) *"Pôr-se de acordo" com o meio ambiente*
Sabemos que Goldstein deu muita importância aos determinantes internos do comportamento, embora ele reconheça que existe uma profunda relação entre organismo e ambiente, podendo um influenciar o desenvolvimento do outro.

Goldstein (*Ibidem*, p. 305) parece lidar com o organismo em dois níveis. No primeiro, ele diz:

> A possibilidade de se afirmar no mundo, conservando ao mesmo tempo seu caráter, depende de uma *espécie de "acordo" do organismo com o seu meio*. Isso tem que ocorrer de tal modo que cada mudança do organismo, determinada pelos estímulos do meio, *seja equalizada após certo tempo*, de sorte que o organismo recupere aquele estado "normal" que corresponde à sua natureza e que lhe é adequado. *Somente quando isto se dá é que é possível que as mesmas ocorrências ambientais produzam mudanças semelhantes*, levem aos mesmos efeitos e às mesmas experiências.

De outro lado, ele diz que um organismo são e normal "é aquele no qual a tendência à autorrealização atua a partir do interior do indivíduo – sobrepondo-se aos problemas que surgem na luta com o mundo – não como produto de ansiedade, mas sim pelo prazer da conquista" (Hall e Lindzey, 1971, p. 341).

Estes dois princípios: acordo do organismo com o meio e, ao mesmo tempo, a necessidade de perceber e sentir o interior nos colocam diante das limitações próprias existentes entre o querer e o poder. É um retrair-se da fantasia a um entrar na realidade, vendo e medindo constantemente a relação organismo-ambiente.

Na realidade, a primeira colocação é uma direta relação com o problema do limite, ou seja, a pessoa não deve fazer o que ela quer, mas o que a situação indica. A situação diz à pessoa onde ela se encontra na sua relação com o mundo exterior. Lidar com a situação de modo não adequado significa expor-se a um risco, às vezes, de difícil controle e solução.

Usualmente, sentir o organismo é a melhor forma de medir nossa relação com o mundo exterior. Uma tensão muscular, uma palpitação podem indicar que se está próximo a algo que supera nossa capacidade normal de lidar com o ambiente. Prestar atenção ao organismo significa medir as forças que o ambiente emite.

Muitas vezes, temos de lidar com o ambiente, mesmo sabendo que ele é hostil, e temos de nos adaptar a ele. O organismo tem de procurar uma equalização provisória que, com o passar do tempo, pode tornar-se doentia, como certas formas de psicossomatismos. Por isso, para Goldstein "um sintoma não é, simplesmente, uma manifestação de mudanças em uma função ou estrutura específica do organismo, é também uma forma do ajustamento feito pela pessoa doente ou deficiente" (*Ibidem*, p. 229).

Aqui se coloca um problema não apenas técnico, mas também ético. Hoje muitas pessoas procuram fazer psicoterapia porque é chique, dá *status*. Psicoterapia é uma coisa muito boa, mas pode ser muito perigosa, se não se presta atenção ao problema de indicação.

Outra questão é: fazer psicoterapia para quê.

Existem muitos caminhos que o organismo encontra como forma de manutenção e de sobrevivência.

Não se pode brincar com sentimentos, com emoções dos outros, pois se corre o risco de desequilibrar uma pessoa sem caminhos de retorno.

A pergunta pode ser: tirar um sintoma, uma fobia, um comportamento obsessivo para colocar o que no seu lugar? Somos, de fato, capazes de tirar algo que mantém o equilíbrio ainda que frágil e colocar algo mais criativo, mais em consonância com a vida, como um todo, que o cliente almeja?

O segundo princípio de Goldstein é bem expresso pelo pensamento de Perls que diz que a pessoa normal é aquela que tem em si própria seu melhor suporte, ou seja, que não precisa do suporte de outrem para se sentir feliz, embora, se ele acontecer, será melhor e mais fácil.

A Gestalt-terapia como forma de aprendizagem existencial fenomenológica está atenta às duas coisas: aos limites que são frequentemente necessários para que a pessoa se possa situar no mundo, não se violentando, e à sua criatividade, ensinando às pessoas a lidar consigo próprias para encontrar dentro de sua realidade total a resposta efetiva às suas perguntas.

Capítulo 4

ANTECEDENTES PESSOAIS

Depois desta longa caminhada à procura das origens da Gestalt-terapia como teoria e técnica, resta ainda falar um pouco sobre a influência de algumas teorias na pessoa do seu fundador, Frederick Perls.

Perls foi um profundo conhecedor do ser humano e buscou onde pôde os conhecimentos necessários a esta compreensão. Ele se envolveu pessoalmente com alguns movimentos psicoterapêuticos e passou à sua Gestalt o que ali encontrou de positivo e útil à compreensão do homem.

Nesse sentido, podemos dizer que a Gestalt-terapia é uma Gestalt do homem. Ela não é um ecletismo vazio ou ilógico, mas uma síntese pensada e refletida do homem, assim como ele é visto, sentido e como foi visto pelo fundador da Gestalt-terapia. Ela é uma configuração do ser. Ela procura consumar a essência. Podemos ver uma tríplice influência no pensamento de Perls: a psicanálise, a análise do caráter de Reich e as religiões orientais taoísmo e zen budismo.

PSICANÁLISE

Devemos distinguir as críticas que Perls faz à psicanálise daquilo que, de certo modo, existe em comum entre psicanálise e Gestalt-terapia.

Não se pode negar a influência da psicanálise tanto no pensamento de Perls quanto no sistema gestáltico.

Perls, de certo modo, partiu da psicanálise, um dos berços da Gestalt, mas com inúmeras modificações, de modo que do berço original se podem perceber traços, mas não mais reconhecê-los como antigamente. Perls falou que era grato à psicanálise ou a Freud pelo tanto que ele evoluiu, colocando-se contra Freud, sobretudo no que se refere ao método do tratamento psicoterapêutico, afirmando ainda que a filosofia e as técnicas freudianas se tornaram obsoletas e obscuras. De outro lado, reconheceu o valor de Freud, ao afirmar que ele era o Edison da psiquiatria e, ao mesmo tempo, um "santo-demônio-gênio".

Do ponto de vista da revisão da posição freudiana, Perls faz três críticas básicas a Freud: 1. o fato da psicanálise lidar com os fatos como se eles pudessem existir isolados do organismo como um todo; 2. o uso da associação psicológica de modo linear como base do sistema quadruplodimensional e 3. o abandono do sistema de diferenciação.

Em contrapartida, Perls oferece uma tríplice solução:

1. Recolocação do psicológico através de um conceito holístico do organismo;
2. Compreensão e colocação da associação livre através da teoria do campo da psicologia da Gestalt, e;
3. Aplicação do pensamento diferencial baseado na noção de "indiferença criativa" de Friedlander (Smith, 1977, p. 5), ou seja, que todo acontecimento diz respeito a um ponto zero a partir do qual acontece a diferenciação entre os opostos.

Outro ponto importante na diferença entre Gestalt-terapia e psicanálise é a insistência daquela na consideração da pessoa, vista e sentida no presente, e não a partir de causas passadas, bem como a utilização do *como* e do *quê* na compreensão da realidade do cliente, em vez de uma investigação racional baseada no *porquê*.

O que, entretanto, mais distingue Perls de Freud é a visão do homem e do mundo apresentada pela teoria de ambos. A visão gestáltica é uma visão humanística, existencial e fenomenológica, ao passo que a visão freudiana é uma visão mecanicista, biológica e psicodinâmica.

Mostremos alguns pontos correlatos, embora devamos dizer que operacionalmente tais conceitos sejam tratados de modo muito diferente:

> catexia de Freud e figura e fundo de Perls; *libido* de Freud e excitação básica de Perls; associação livre de Freud e *continuum* de consciência de Perls; consciência (*consciousness*) de Freud e conscientização (*awareness*) de Perls; o enfoque de Freud na resistência e o enfoque de Perls na fuga da conscientização; a compulsão à repetição de Freud e as situações inacabadas de Perls; a regressão de Freud e o retraimento (do meio ambiente) de Perls; o terapeuta que permite e encoraja a transferência de Freud e o terapeuta que é um "habilidoso frustrador" de Perls [...]. (Fadiman e Frager, 1979, p. 129)

Perls foi um conhecedor da obra de Freud, partindo do simples fato de que ele mesmo, durante certo tempo, esteve profundamente engajado no movimento psicanalítico. Sua experiência, entretanto, foi frustrante e frustrada a partir, sobretudo, do seu contato pessoal com Freud.

Seu contato com a psicanálise o ajudou a ver as deficiências de sua doutrina e técnica, chegando a dizer que Freud foi um homem das meias verdades. O caminho por ele percorrido o tornou mais livre e mais solto para encarar o homem de uma maneira mais libertadora.

A Gestalt-terapia, sem ser uma antipsicanálise, é uma proposta de vida existencialmente mais em contato com a realidade, aqui e agora, exigindo um constante apelo à responsabilidade pelo fato de propor uma liberdade mais consciente e uma conscientização contínua diante dos apelos da realidade.

O estudioso da Gestalt-terapia não pode ignorar certa influência da psicanálise sobre a Gestalt-terapia. E mais do que isso: conhecer a psicanálise o ajudará a separar as águas e a se tornar um psicoterapeuta mais habilidoso.

WILHELM REICH

A influência de Reich sobre Perls aparece mais clara que a da psicanálise, sobretudo naquilo que podemos dizer em relação ao corpo como expressão de uma realidade mais global, mais inteira.

Reich e Perls se preocuparam em perceber o homem na sua totalidade.

O corpo, nas suas diversas manifestações, é a expressão visível do interior de cada um. Se soubermos observar o corpo, poderemos colher aí informações básicas de que necessitamos para um trabalho sério e integrado.

Toda a obra de Reich é um apelo constante a uma volta ao corpo, a uma compreensão cada vez maior da bioenergia das emoções (organobiofísica), a uma visão mais ampla e aberta da sexualidade, a uma compreensão do corpo como uma totalidade e como uma história escrita e reescrita nos momentos mais importantes da existência.

Este sentido do corpo como expressão de toda uma realidade, como mensageiro fiel das realidades internas, sem o qual a palavra fica vazia e quase ininteligível, está também presente em toda obra de Perls.

Outra forte influência de Reich, que foi analista de Perls, foi a influência do corpo com relação à psique, a tal ponto que Reich não percebia nenhuma via de solução para o problema da neurose a não ser através do desmanchamento da couraça caracterológica que se expressa, segundo ele, na couraça muscular, ligada diretamente ao desenvolvimento sexual do indivíduo.

"A neurose não é mais que a soma total de todas as inibições cronicamente automáticas de excitação sexual natural" (Reich, 1975, p. 221).

Apesar de Perls não concordar totalmente com todas as posições de Reich, existem pontos em comum que são vitais para a melhor compreensão de nosso objetivo.

Além de um espírito incomum no que se refere ao homem, no que se refere ao corpo, no que se refere a uma postura existencialmente mais solta, podemos indicar algumas semelhanças entre Perls e Reich que dão apoio à nossa argumentação:

1. *A convicção de que as lembranças devem ser acompanhadas dos afetos ligados a estas lembranças.* Pensamentos e afetos andam juntos e é importante trabalhá-los juntos, evitando dicotomizar a ação psicoterapêutica. Perls era muito claro quando dizia que trabalhar alguma coisa que não é sentida, experienciada, aqui e agora, é uma perda de tempo.

Reich dizia que tornar o inconsciente consciente pouco resolveria o problema, a não ser que se restabelecesse a genitalidade: "Liberação da energia tensional ou estática do impulso vital através de uma adequada potência orgástica".

Falar ajuda, mas não basta, porque nós sabemos que o corpo tem as suas lembranças, bem como sabemos que uma inibição ou uma tensão muscular aliviada quase sempre produz ou acontece concomitantemente com a eclosão de uma das três excitações básicas biológicas: angústia, ira ou excitação sexual e, além disso, muitas pessoas sentem uma dissolução espontânea de suas inibições caracterológicas.

Não é sem razão que nós estamos sempre à cata dos afetos e emoções, quando nossos clientes contam, narram fatos de sua vida presente ou passada: "O que você sente, agora que está falando disto?"

Na realidade, nós estamos interessados mais do que na *coisa* reprimida, por exemplo, na *forma* como se luta para reprimir um afeto, uma emoção.

Este aspecto fisiológico do processo de repressão, de evitação é altamente significativo. É interessante que, muitas vezes, quando se está trabalhando a dissolução de uma rigidez muscular, o cliente se lembra de fatos ligados àquela parte do corpo.

> Cabe afirmar que cada rigidez muscular contém a história e o significado de sua origem... antes, a própria couraça é a forma em que a experiência infantil sobreviveu como agente prejudicial no aqui e agora. [...]
> A neurose não é, de modo algum, unicamente a expressão de um equilíbrio psíquico perturbado; é muito mais correto e significativo considerá-la como *a expressão de uma perturbação crônica do equilíbrio vegetativo e da motilidade natural.*
> (Benavides, 1977, p. 289-90)

2. *O corpo deve estar presente no ato psicoterapêutico.* Reich falava da couraça muscular como forma de resistência e Perls afirmava que a resistência é função do organismo como um todo. Perls

falava da linguagem psicossomática, chamando a atenção para toda e qualquer forma de comunicação não verbal.

Na realidade, não se pode conceber um trabalho reichiano ou gestáltico sem que o corpo esteja imerso na própria compreensão do processo. O corpo é o aqui e agora, é o fenômeno que se revela, é, por assim dizer, a intencionalidade da existência passada.

Não se trata, portanto, de qualquer atitude dualista, onde psique e *soma* funcionam juntos, mas separados por campos diversos; não se pode nem mesmo, segundo Reich, falar de uma ação recíproca: a experiência do prazer (sobretudo sexual), de expansão, continua ele, está inseparavelmente ligada ao funcionamento de qualquer pessoa viva.

O corpo tem de ser visto como uma totalidade, sem que isto signifique a identificação interna de processos que promanam de "regiões" distintas.

> A psique está determinada pela *qualidade* e o *soma*, pela quantidade. Na psique, o fator determinante é a chave da ideia, ou desejo; no *soma*, ao contrário, é a quantidade de energia em ação. Assim, psique e *soma* são distintos, porém a qualidade de uma atitude psíquica depende da quantidade de excitação subjacente. A energia biológica domina não só o somático, senão também o psíquico. Existe *uma unidade funcional*, na qual as leis biológicas podem aplicar-se ao domínio psíquico, porém não ao contrário. (*Ibidem*, p. 277)

Corpo presente significa toda uma multiplicidade de processos em ação diante do observador atento. Dentro do princípio antes exposto, fica claro que o corpo tem de ser visto sempre sob uma dupla dimensão, onde nenhuma exclua a outra, mas, ao contrário, se unam para que o corpo, como totalidade, se faça compreensível.

O que cura não é que a ideia em si se faça consciente, senão a modificação que se opera na excitação vegetativa. Do ponto de vista da energia biopsíquica, o psíquico e o somático funcionam como dois sistemas que são sempre unitários e, além do mais, se condicionam reciprocamente. (*Ibidem*, p. 298).

Não existem duas histórias na pessoa humana, uma que ela conta e da qual se lembra e outra guardada no fundo do seu ser. Passado e presente se encontram em perfeita convivência no aqui e agora de cada um.

Como diz Reich (1975, p. 129): "O mundo total da experiência passada incorpora-se ao presente sob a forma de atitudes de caráter. O caráter de uma pessoa é a soma total funcional de todas as experiências passadas".

Do ponto de vista gestáltico e reichiano, tal visão da estruturação da personalidade tem implicações imediatas na análise e manejo do comportamento humano.

Seguindo esta linguagem, concluímos que dificilmente se poderá operar uma mudança de comportamento se não houver uma mudança da couraça muscular, ou seja, é necessário restaurar a motilidade biopsíquica por meio da dissolução, do rompimento da rigidez do caráter e da musculatura.

Nesta linha de pensamento, o trabalho do corpo parece ser a resposta para esta redescoberta de um corpo, cujas emoções e sentimentos foram supressos, cancelados com o correr do tempo.

Do ponto de vista reichiano este reencontro é, sobretudo, o reencontro com a própria sexualidade, com a própria genitalidade, vividos de maneira harmoniosa. Harmonia não como um apelo a um princípio moral elevado, mas como distribuição natural de desejos e necessidades, e sua satisfação. De fato, diz Reich (*apud* Benavides, 1977, p. 214):

A saúde psíquica depende da *potência orgástica*, ou seja, da capacidade de entrega no clímax de excitação sexual durante o ato sexual natural. Seu fundamento é a atitude caracterológica na neurótica capacidade de amor.

Reich afirma que a neurose determina *sempre* uma perturbação da funcionalidade genital, ou seja, esta potência orgástica, que é a capacidade de abandono total à experiência emocional e energética do orgasmo sexual, se acha interrompida, no homem, frequentemente pelas mais variadas formas de impotência e, na mulher, pela frigidez.

O que fica claro tanto em Perls quanto em Reich é que o corpo contém toda a chave da reflexão psicoterapêutica e que dificilmente um trabalho simplesmente verbal poderia responder adequadamente às necessidades orgânicas interrompidas.

3. *Posição comum entre Reich e Perls é o trabalho através da frustração*. Perls afirmava que o crescimento acontece através da frustração e que o psicoterapeuta deve ser uma mistura de simpatia e frustração. Ele deve dar suporte e frustrar ao mesmo tempo. Ele deve frustrar o cliente, fazendo-o ver suas formas de manipulação, seus modelos neuróticos de comportamento, sua percepção de seu autoconceito, de modo que ele se sinta incomodado nas suas verdades solidificadas. Ele deve chamar o cliente para uma visão realista de sua realidade, podendo, às vezes, ser cruel para ser, de fato, bom.

Neurose e frustração andam juntas. A frustração se apresenta de formas diversas e se revela tanto no corpo, na linguagem, como nas atitudes. Era, pois, natural que Reich e Perls fossem procurar no trabalho através da frustração uma das soluções mais eficazes para o problema da neurose.

Neste sentido, é preciso desfrustrar corpo e linguagem para que o comportamento se torne saudável. Podemos seguir o mesmo caminho que a frustração usou para instalar-se.

Temos de agir na pessoa como um todo, pois como diz Reich (1972, p. 428-9):

> O organismo vivo funciona para além de todas as ideias e conceitos verbais. A fala humana, forma biológica de expressão numa fase avançada do desenvolvimento, não é um atributo específico do organismo vivo, que age muito antes de existir uma linguagem e representações verbais. [...] A razão está em que os começos de função vital estão muito *mais fundos* do que a linguagem e *além* dela. *Além disso, o organismo vivo tem seus próprios modos de exprimir movimentos que, simplesmente, não podem ser compreendidos com palavras.*

A linguagem começou a existir numa fase tardia do desenvolvimento humano, além disso, e, antes de mais nada, a forma mais primitiva de expressão do ser vivo é o movimento.

É nesse tríplice aspecto que vamos abordar a pessoa humana para livrá-la de sua couraça caracterológica, de sua compulsão à repetição, de seus "deverias", de formas primitivas de agir, de sentir, de pensar, através da palavra (linguagem), do corpo (sua impressão gestáltica), e do movimento.

Pretende-se através do trabalho com a frustração levar a pessoa a uma constante busca de autorregulação, como dizia Reich, e à formação de novas Gestalts, como dizia Perls.

> A autorregulação provoca harmonia porque elimina a luta contra o instinto, segue as leis naturais do prazer, é compatível com os instintos naturais e age em identidade de

interesses com eles, é uma constante alternância de tensão e alívio de tensão, como sói acontecer com todas as funções naturais. (Benavides, 1977, p. 258-9)

De outro lado, a formação de novas Gestalts supõe que o indivíduo tente sempre satisfazer suas necessidades da maneira mais harmoniosa possível. Fechar Gestalts significa um estar atento permanentemente a todas as exigências do pensar, de sentir, de agir e responder satisfatoriamente aos apelos deste tríplice movimento. Quanto mais natural é a pessoa tanto menos terá Gestalts inacabadas e tanto mais será autorregulada.

4. *Reich afirmava que mais importante do que o que o cliente comunica é o como ele comunica.* O estilo da comunicação é mais importante do que seu conteúdo. Perls dizia que não se deve lidar com respostas ao *porquê*, mas o que importa é o *como*, *onde* e *quando*, e que a Gestalt trabalha com duas pernas; "aqui e agora". É importante, dizia Perls, escutar o som, a música da comunicação do cliente. O foco do problema está na voz, na postura, nos gestos, na linguagem psicossomática.

Ambos os autores estão afirmando que não basta para a compreensão do processo psíquico de um cliente que este diga tudo que lhe vem à mente, segundo o princípio psicanalítico da associação livre de ideias.

É importante levar em consideração não apenas o que ele diz, mas o modo como diz e, sobretudo, como fica em silêncio. As palavras enganam, mentem, são equívocas, mas a maneira de falar, nunca.

O corpo, diz Reich, é a manifestação imediata, inconsciente do caráter, e Perls dirá que o corpo é o inconsciente visível.

Além do mais, é linguagem comum na obra de ambos os autores de que é inútil tentar convencer o cliente de algo que ele pessoalmente ainda não descobriu, ou seja, o que o cliente não descobre espontaneamente tem pouco valor terapêutico. É importante, pois, que suas descobertas sejam descobertas que venham de e com sua totalidade. Não se trata mais de falar sobre o que Perls chamava de *aboutism*, mas de sentir o amor, a raiva etc., aquilo de que falávamos antes, que as lembranças, se acompanhadas de suas emoções respectivas, se tornam terapeuticamente mais úteis.

5. *Perls chamava a atenção para o uso indiscriminado de técnicas por pessoas que se dizem gestaltistas.*

> Mas as técnicas foram inventadas para usos restritos e devem ser empregadas apenas quando adequadas, ainda sofrendo modificações de caso para caso. Talvez esta seja outra influência que Reich teve sobre o jovem Perls, porque Reich (1949) declarou enfaticamente que para cada paciente, em cada momento dado, existe apenas uma técnica e que esta técnica tem que ser derivada das circunstâncias individuais de cada um. (Smith, 1977, p. 11)

Reich reclama de certos médicos que, interpretando mal a teoria da genitalidade, aconselham seus clientes a que deem asas à sua genitalidade, praticando à revelia relações sexuais. Descuidam-se, diz ele, do fato de que a essência da neurose é precisamente a incapacidade de obter gratificação, o ponto central é a sua *impotência orgástica*.

> Como cada paciente tem uma couraça caracterológica constituída de acordo com sua história, a técnica para destruir a couraça tem que se adaptar ao caso individual e deve desenvolver-se passo a passo em cada caso. Tal requisito exclui a possibilidade de uma técnica esquemática. (Benavides, 1977, p. 255)

Em outra parte, Reich fala dos psicoterapeutas silvestres que através de uma *terapia de ação sexual superficial* querem resolver o problema de seus pacientes, como fala também daqueles que pretendem curar a neurose com ar de montanha, descanso, férias reconstituintes e tranquilizantes, mas sem se preocupar com o desfazer dos bloqueios musculares e caracteriais que impedem um funcionamento satisfatório da sexualidade.

Do ponto de vista gestáltico, dizemos que toda técnica deve levar o cliente a um contato positivo e criativo com o mundo externo e consigo mesmo, que deve levá-lo na direção de suas necessidades e a movimentar-se no sentido de satisfazê-las.

Como em Gestalt-terapia se trabalha basicamente com o presente, é aí que vamos proporcionar a formação e eliminação de Gestalts, ou seja, fazendo o indivíduo estar constantemente consciente de suas necessidades, seja em forma de pensamentos, percepção, sentimentos ou emoções, ou ainda, dentro de um enfoque fenomenológico, criando condições permanentes para que cada um tenha consciência daquilo que ele realmente é.

A técnica é, pois, um aqui e agora vivenciado, é uma resposta a um movimento que vem de dentro do cliente e que não pode sozinho expandir-se. Ela não produz, ela vai ao encontro de algo que já está ali e precisa apenas ter condições de aparecer e produzir efeitos.

6. Um sexto elemento pode ser encontrado não nas técnicas, mas na vivência que o processo psicoterapêutico produz no cliente e no psicoterapeuta.

Ambos os autores são unânimes em afirmar que a psicoterapia por eles proposta deixa sinais indeléveis e que as pessoas que se submeteram a um processo normal e eficiente, dado o grau de liberdade interior que conquistaram, terão, de certo modo, dificuldade em conviver com a sociedade que aí está.

Reich e Perls estão de comum acordo que o processo psicoterapêutico é altamente político. Reich dizia que o trabalho do psicoterapeuta vai de encontro aos valores e posições defendidas pela sociedade conservadora e completava dizendo que, quanto mais íntegro for o psicoterapeuta, mais este estará sujeito à inimizade, ao desprezo. Ele afirmava que uma psicologia profunda exige o complemento de uma política radical.

Reich é de uma clareza meridiana, quando afirma:

> A repressão da sexualidade infantil e juvenil tem a função primária de facilitar a submissão dos filhos ao autoritarismo dos pais. A rígida repressão imposta aos jovens, tanto em países capitalistas quanto socialistas, vem somente confirmar que a função eminente da repressão sexual não era e não é tanto a de ordem econômica, como de ordem sociopolítica; isto é, a de converter os indivíduos educados repressivamente em elementos dóceis e vassalos da autoridade constituída (seja a Igreja, partido ou Estado). (*Ibidem*, p. 234)

Imagine-se, pois, o papel da psicoterapia, se consideramos com Reich que toda forma de neurose é uma perturbação da sexualidade em geral e da genitalidade em particular e que, como diz ele, quanto mais sã for a sexualidade, tanto mais livre e crítico será o pensamento do indivíduo.

A sociedade molda o caráter, a personalidade de cada um. O caráter, como diz Reich, reproduz a ideologia social em massa e, assim, reflete sua própria supressão na negação da vida. A dualidade proposta pela sociedade entre as exigências da moral e da realidade, da natureza e da cultura, termina por contaminar profundamente o interior de cada pessoa.

Tarefa árdua e ingrata a do psicoterapeuta que, crente nessas afirmações, tenta ajudar alguém nesta descoberta de sua originalidade perdida e na ação da vontade de experienciá-la, de novo e totalmente.

Não é sem razão que Reich terminou a vida em um cárcere e que muitos de nós somos vistos sob suspeita como indivíduos que permitem, que facilitam tudo e para quem tudo é natural.

Perls, apesar de não ter tido uma vida acidentada como Reich, vê no processo psicoterapêutico as mesmas dimensões. Para ele, a vida tem de ser vivida, não comercializada, feita de categorias.

Como diz Shepherd, a Gestalt-terapia pode oferecer uma promessa de autenticidade que é muito difícil de ser mantida nesta cultura.

> Quanto mais alguém for bem-sucedido numa experiência de Gestalt-terapia tanto mais ele estará consciente de si próprio e centrado, e tanto mais ele será intolerante com as forças destrutivas e convenções da sociedade atual. [...] A Gestalt-terapia não é uma terapia de adaptação, mas uma terapia de autoatualização. (Smith, 1977, p. 12)

Esta afirmação vale, sobretudo, para o Gestalt-terapeuta, que deve ser alguém em íntima harmonia consigo próprio. Tal exigência vale para qualquer forma de psicoterapia, mas o gestaltista evita assumir qualquer atitude de interpretação, de imposição de conteúdos. Ele trabalha em íntima coerência com as necessidades básicas do cliente, sem se ater muito ao que a sociedade espera que ele faça. Ele procura não ter modelos, sem ser um destruidor de mitos.

O corpo é a realidade, o corpo é a gravação da história de cada um, é o testemunho participante de todos a cada momento. Em si, o corpo traz o estigma dos marcos importantes dos momentos que se foram.

Presentificar-se e presentificar é o processo da consciência contínua através do qual o ser humano se vê espelhado na sua realidade como um todo.

Na verdade, esta presentificação é também corporal, pois um conflito que esteve ativo, em certa época da vida, deixa suas sequelas em forma de uma rigidez, dirá também Reich.

> Na verdade não existe antítese entre o histórico e o contemporâneo. O mundo vivencial do passado vive no presente em forma de atitudes caracterológicas. Uma pessoa é a soma total funcional de suas vivências passadas. (Benavides, 1977, p. 243)

Para Reich como para Perls tudo está aqui e agora. Basta saber olhar, saber colher. O corpo é, ao mesmo tempo, a grande oferta e a grande proposta de descoberta.

RELIGIÕES ORIENTAIS: TAOÍSMO E ZEN BUDISMO

No seu espírito criativo, Perls foi buscar também em religiões orientais aquele modo de ser e estar no mundo que pudesse ajudá-lo pessoalmente a compreender a si e ao mundo e, ao mesmo tempo, passar suas descobertas à sua proposta psicoterapêutica.

Não há dúvida de que o sentido de abertura, de abandono a si próprio, de fuga no domínio do pensamento, da fuga dos rituais, da volta ao corpo e às emoções, da não espera programada, do deixar acontecer são influências nítidas do zen budismo e do taoísmo que, embora religiões, se comunicaram à Gestalt-terapia como um modo de estar na realidade e de a ela reagir.

É muito por este espírito oriental que podemos definir a Gestalt-terapia como uma arte e uma filosofia de vida.

Apesar da grande relação existente entre Gestalt-terapia e zen, Greaves chama a atenção ao fato de Perls não ter assimilado o lado espiritual das religiões orientais, o que ele chama de "falta". Os orientais, de fato, dão grande ênfase ao desenvolvimento, à consciência da espiritualidade pessoal e à essência espiritual de cada um.

> Embora esta não seja uma finalidade explícita da Gestalt--terapia, *per se*, muitos Gestalt-terapeutas que eu encontrei tendem fortemente para desenvolver o aspecto espiritual do homem, considerado tão fundamental por James (1907), Jung (e. g. 1957) e Fromm (e. g. 1947, 1955), quer este "acordar espiritual" tenha um caráter secular ou religioso. (Eu não sei se é possível ocorrer um "despertar espiritual" sem que ocorra também alguma forma de religiosidade.) (Greaves, 1977, p. 186-7 *apud* Smith, W. L. E)

Embora Perls não haja insistido no sentido espiritual do desenvolvimento e da consciência, existem nas suas obras vários momentos de profundidade espiritual e até religiosa, quando, por exemplo, ele fala: "Sofrer a própria morte e renascer não é fácil".

"Eu imagino, diz Greaves, que Gestalt-terapia, taoísmo e zen convergem para uma crucial juntura da espiritualidade pessoal" (*Ibidem*, p. 187).

Do meu ponto de vista, a postura gestáltica de vida tem muito a ver com um sentido religioso existencial, facilitando uma concepção de Deus, enquanto um ser totalmente presente na existência e, não obstante isto, totalmente respeitador da individualidade de cada um.

A postura gestáltica me faz lembrar um abrir de portas para o encontro existencial do sentido espiritual do ser humano, tal como zen promove e proclama.

Ampliamos agora o nosso discurso tentando percorrer alguns marcos importantes entre a postura zen e a gestáltica.

Um primeiro deles é que a Gestalt-terapia propõe entrar nos sentimentos, nos afetos, de maneira cada vez mais profunda, porém lentamente, de tal modo que um afeto, um sentimento confuso possam, cada vez mais, ir-se diferenciando, não só do ponto de vista orgânico, mas também mental. Somente assim o cliente poderá ter um contato com seu organismo como um todo.

Trata-se, de fato, da recuperação de partes perdidas, desgastadas pelo tempo, que somente um paciente trabalho de "restauração" poderá recuperar, imprimindo ao corpo sua beleza original.

Este ir devagar e o entrar em contato tem muito a ver com uma postura de respeito ao organismo total que, embora emita nítidos sinais, não são por nós captados em sua nitidez de origem.

Esta postura de colocar o indivíduo de volta para si mesmo, este *re-membering*, este sentido de integração da pessoa na sua totalidade é mensagem contínua da Gestalt e do zen. Talvez pudéssemos expressar esta ideia de *re-membering*, de *putting oneself back together again*, como diz Greaves, como um apelo à tomada de posse, efetiva, do indivíduo por si mesmo. Trata-se de um reajuntar-se existencial, de um re-membrar-se total.

Esta postura, dentro do espírito zen, significa um despojar-se, um não ter apego às coisas velhas, passadas, significa um apelo à consciência da totalidade e não um conviver permanente e doentio com partes envelhecidas pelo tempo, pelos hábitos.

Como diz Rajneesh (1975, p. 67):

> Você está carregando um antigo, um muito, muito velho pote cheio de água. Ele é sua mente repleta de pensamentos.

É a coisa mais antiga que você carrega, e está quase morta. A mente é sempre velha. Nunca é nova. [...] A mente não consegue ser original, só consegue repetir. [...] Tudo que é novo nasce da consciência, não da mente.

Outro tema comum às religiões orientais é o do paradoxo, enquanto movimento de integração total de busca de identidade, não apenas como uma percepção interna, mas algo como coerência de ação entre o eu e o não eu.

"O paradoxo é que alguém cresça tornando-se cada vez mais o que ele é e não tentando ser diferente" (Smith, 1977, p. 33).

Perls (1973) dizia que o homem transcende a si mesmo somente através de sua real natureza. Eu não posso ser diferente daquilo que minha natureza é, de modo que tentar fazer-me diferente daquilo que eu sou é estar fadado ao fracasso, assim como uma perseguição é uma violação da minha integridade. Eu sou o que eu sou e o melhor para mim é ser plenamente do modo que eu posso ser. Isto significa que eu não posso decidir o que eu devo ser, nem me moldar em uma determinada direção sem me perder a mim mesmo. O que eu devo fazer é conhecer minha natureza e permitir que esta natureza flua, descubra, seja. Tal segredo com relação à natureza é central para o taoísmo e zen e foi incorporado ao pensamento dos psicólogos humanistas. (*Ibidem*)

Faz parte deste paradoxo aquilo que Novanjo dizia da Gestalt-terapia: a Gestalt é antes um sistema de não desfazer que de fazer. Mudanças podem ocorrer, mas é quase inútil programá-las. A mudança é como a iluminação, para usar a linguagem oriental, deve ser sempre procurada, embora nunca se saiba quando ocorrerá; e mais, procurá-la não significa que venha a ocorrer, mas sem procurá-la, não ocorrerá jamais.

Aqui corremos os riscos dos rituais, na linguagem de Bhagwan Shree Rajneesh, ou da identificação, em sentido mais amplo, dizemos nós. Não basta você se assentar como Buda para que você se ilumine, para que você encontre seu caminho. Seu caminho só você percorrerá. Ele é único.

Uma mudança é um acontecimento, não um ritual.

Se você encontrar um Buda, não precisa matá-lo, é preciso compreendê-lo, não se tem que repeti-lo. "É preciso que você siga a si mesmo."

Terapia, sessões de terapia são frequentemente inúteis porque se transformam em rituais. Assim como o mundo não se repete, você também não se repete. "Você é único, lembre-se" (Rajneesh, 1975, p. 18-19).

Nesse sentido, o Gestalt-terapeuta deve procurar no seu cliente aquela individualidade irrepetível, presente em todo ser humano. Ele não pode lidar com modelos, com rótulos para descobrir o dentro de cada pessoa.

Por isso dizemos que a Gestalt-terapia não lida com o problema em si, mas com a energia nele presente. O problema é sempre velho, mesmo sendo recente, a energia é sempre nova, porque ela nunca se repete.

Não se trata, por exemplo, apenas de tirar o medo de alguém, que é, de natureza, medroso, mas de "ensinar-lhe" a lidar com este medo, com o que ele representa, com a energia que ele oculta e revela, ao mesmo tempo. A solução está em deixar a natureza fluir na ação e não em interromper simplesmente algo que, de certo modo, é natural à pessoa.

Desfazer significa destruir, desmanchar algo já existente significa ir contra o movimento presente nas coisas, ao passo que fazer significa criar, apontar caminho novo ou diferente, por vezes destruir, sem ter de necessariamente mudar.

> O zen insiste constantemente acerca da importância da arte, de viver integralmente, presentes no presente, despojados das lições e tensões do egoísmo; sempre disponíveis para a linguagem incessantemente nova dos fatos. (Benavides, 1977, p. 156)

Há de ser através de uma "atenção vigilante", do "contínuo da consciência" que se podem encontrar novos caminhos e mudar e entrar em relação direta conosco, com a vida, com o mundo.

> Somos novos no instante novo. Temos de enfrentar os problemas de um modo novo, liberados da escolha que nos ditam os valores do passado e os hábitos ancestrais (temos de morrer hoje ao passado). (*Ibidem*, p. 156)

Temos de fugir aos rituais, às formas prefixadas, se queremos caminhar para uma verdadeira mudança interna.

Outro ponto importante é o aprender lidar com o vazio, próprio do taoísmo. Frequentemente estamos no ponto zero, mas enchemos a mente de soluções, desconectadas de nossa própria natureza. Criamos em cima de expectativas, quando a realidade é o vazio. Ficar no vazio, não apressar o rio, muitas vezes é o melhor modo de ser criativo, de sair do impasse.

O ponto zero é o ponto do vazio, é o momento do nada à espera do ser, é o momento que antecede à criação. Porém, este ponto é sempre angustiante, porque aí não existe controle, é simplesmente o ponto à espera. Neste momento, tudo pode acontecer. O movimento natural é conhecer este momento, fazer que todo e qualquer movimento interno esteja sob controle. Nós lutamos por não ter futuro.

Nossa tendência é agir sob o certo. Embora não tenhamos certeza do futuro, tentamos reduzir o futuro ao presente como forma de prevenir o erro, o fracasso, a frustração.

Nada tão contrário ao conceito de vazio que as antecipações, nas quais um comportamento mental se torna frequentemente atuante.

É preciso pensar, não parar de pensar para não cair no improviso, tal a máxima de muitos, hoje.

Sem vazio, no entanto, sem o nada, não existe mudança.

O vazio é o momento que antecede à criação pura e depois da qual pouco fica para pensar erroneamente.

É preciso produzir na mente um estado de vazio e quietude, fruto da ausência de objetos. É nesta quietude e neste vazio, isto é, neste saber não mental que se encontra a verdadeira sabedoria. A percepção que se obtém neste vazio, neste silêncio mental é uma elevadíssima percepção, totalmente sem automatismo e sem passado.

A mudança não se faz no barulho, nem se encontra lá, mas "a mudança se realiza somente quando a mente está vazia de todo pensamento" (*Ibidem*, p. 157).

Esta postura zen que coincide totalmente com a da Gestalt põe uma ênfase extraordinária na existência de um sistema de consciência mais do que em modalidades, em pacotes de pensamento, afirmando que o intelecto é um sistema muito incompleto para conhecer e experienciar o mundo, e que para isto, como afirma Jung, diz Greaves (1977, p. 186), "é preciso pensar, experienciar, sentir e intuir".

Retornando ao tema da iluminação, podemos afirmar que esta só acontece no vazio. Podemos pensar a vida inteira e nunca chegar a lugar algum. A iluminação é acidental.

O vazio fecundo é aquele momento supremo de abandono, de entrega a si mesmo como única resposta possível e a partir da qual tudo pode acontecer.

Tudo nasce do vazio, como do nada surge o ser.

"O vazio em minhas mãos significa tudo em minhas mãos: a própria fonte de onde tudo nasce e para onde tudo volta, retorna. O vazio em minhas mãos significa tudo em minhas mãos" (Rajneesh, 1975, p. 21).

O exercício zen, chamado "Zazen", propõe exatamente isto, esvaziar-se de pensamentos, ideias, imagens e deixar-se levar totalmente pela concentração e meditação.

Para o zen, como para Gestalt, o crescimento vem muitas vezes através da frustração. É preciso que as pessoas experienciem por si mesmas os próprios limites e incapacidades. As funções do psicoterapeuta são a de suporte e a de frustrador, porque uma informação de outrem não cria necessariamente uma experiência de vida.

Ainda nesta linha, tanto para os taoístas como para Perls, é necessário lidar com a realidade experienciando-a, assim como ela existe. Especificamente, Perls se refere aos pensamentos e sentimentos não desejados. É frequente que clientes falem da presença insuportável de pensamentos, afetos e desejos dos quais eles não conseguem se libertar, embora o desejem. Perls e os taoístas afirmam que para se entrar em harmonia com a própria natureza é necessário aceitá-los e senti-los, ainda que sejam incômodos e dolorosos. É necessário sentir até onde nossos desejos nos levam, sentir-se mau, egoísta, para depois poder sentir-se purificado. É pelo caminho da aceitação de si próprio que se pode experimentar o caminho da mudança e da paz.

Na realidade é muito difícil descer ao fundo do poço. É difícil entrar totalmente em contato com nossa totalidade, que é a fonte suprema de nosso poder. Estamos sempre à busca da verdade que vem através de nossos pensamentos, pensamentos que estão em nós, mas não são nossos. Eles são uma imposição do mundo que nos cerca e nos condiciona e que nos afastam do nosso poder real de solução.

Sentimo-nos no escuro, em becos sem saída, mas, na verdade, não estamos no escuro, porque a existência é uma luz de intensa luminosidade. É preciso abrir os olhos, é preciso meditar, e meditar é ver com os próprios olhos, é fugir do tatear. Deixar-se levar pela realidade, pelo que nos cerca, com fluidez e espontaneidade, é o caminho para a luz, para o desvelamento.

Nós nos aproximamos da realidade em um duplo movimento. A realidade é a realidade. Uma rosa é uma rosa, mas uma rosa vista por nós se torna mais que uma rosa. É que nós somos guiados também pelo reflexo que as coisas têm e produzem. Nós temos, frequentemente, medo do reflexo e nos esquecemos que o reflexo é uma criação nossa, que vem de nosso mundo, de nossos pensamentos e antecipações.

É importante que aprendamos a lidar com o reflexo das coisas, porque o reflexo é o nosso interior e é ele que nos faz aproximar da coisa mesma, é ele que nos leva ao original. O reflexo da lua nos leva à lua e nos faz apreciá-la. Saber lidar com o reflexo significa muitas vezes atingir a realidade mesma. No entanto, é importante, às vezes, abandonar o reflexo, as fantasias para que se possa ver as coisas mesmas em toda a sua originalidade.

Estas reflexões nos levam a agir sempre em consonância com a realidade assim como se mostra agora, no presente.

"O presente é da maior importância; por mais trágico e doloroso que seja é a única porta para a realidade" (Benavides, 1977, p. 158).

O presente é a lua, não importa sua fase, o reflexo é a fantasia, é o alhures, é o reino encontrado ou desencantado que nos faz confundir a realidade e que nos enfraquece na sua busca e na sua interpretação.

O psicoterapeuta se coloca entre reflexo e realidade, entre figura e fundo, entre tema e necessidade, entre o em si do fenômeno e o fenômeno em si.

Ele não abandona nem um nem outro, porque, agora, um e outro são a realidade que se desvela diante dele. Daí a necessidade de sua flexibilidade, de sua não determinação, de seu estar centrado no todo donde lhe vem a verdade e a intencionalidade da coisa.

Outro ponto em comum entre Perls e o taoísmo é o movimento interno de pensar menos e sentir mais. Nossa cultura privilegia o pensamento e disfarça e até condena certas emoções e vivências. Às vezes, é proibido sentir. Para Perls é importante deixar o corpo fluir, expressando-se livremente através dos sentidos.

Perls dizia que é importante perder o pensamento para se chegar aos sentidos, e a sabedoria oriental completa que é preciso esvaziar-se para poder encher-se.

Este é um movimento característico da Gestalt, tanto que Perls dizia que quando ele não sabia nada, era então que ele começava a acertar, a estar no lugar exato (conferir Smith, 1977, p. 32-5).

É muito difícil conviver com o vazio, com o nada. O caminho da meditação, da concentração é difícil, porque tudo à nossa volta nos convida a pensar, a usar informações, a conferir dados preexistentes, a agir sempre com a máxima segurança.

> Não tente acumular o que os outros dizem a respeito. Aprender não ajuda. Pelo contrário, só o desaprender é que auxilia. Abandone tudo o que sabe; só assim poderá conhecer. Abandone todas as informações, todas as escrituras. [...]

É possível encontrar algo mais frágil do que a mente? Algo mais enevoado do que os pensamentos? Algo mais importante do que os pensamentos? Nada acontece a partir deles. Nada surge deles. Os pensamentos são apenas prolongamentos... São apenas voragem no vazio do seu ser. (Rajneesh, 1975, p. 4 e 21)

Estas reflexões nos convidam a lidar com o pensamento dentro de sua verdadeira dimensão, não como respostas já feitas, mas apenas como possíveis caminhos na busca da verdade.

É preciso estar atento à totalidade do ser e não apenas aos seus reflexos.

O homem é uma totalidade de pensamentos, de sentimentos, de percepções, de sensações através dos quais o corpo atinge sua plena capacidade de se expressar e de se autorrevelar.

Estamos saindo da era do pensar e entrando na era do corpo em toda a sua dimensão de exigências e de beleza. Corpo como sinal e reflexo de uma totalidade complexa e, ao mesmo tempo, transparente e cuja linguagem precisa apenas ser lida para revelar todo o mistério e grandezas nele escondido.

Estas considerações nos levam a compreender a forte influência da religião zen budismo, do taoísmo e budismo tântrico sobre a Gestalt-terapia na sua insistência comum sobre a vivência e consciência do aqui e agora, sobre a visão do sentido das polaridades, sobre a ênfase em um contínuo processo de crescimento, no apelo à totalidade do corpo, ao predomínio das emoções sobre o pensamento, sobre a necessidade de autoconfiança, de autorrealização e autoatualização, sobre a necessidade de aceitar as experiências mais que analisá-las, na crença, na capacidade de um verdadeiro crescimento optimal do ser humano (Greaves, 1977, p. 185).

Falávamos, no início, que Perls não assimilou ou não quis assimilar na sua obra o forte sentido espiritual e religioso das religiões orientais.

A presença, porém, de tantas semelhanças, de modos de agir, de pensar e de ser, ensinados e apregoados, nos leva a ver uma postura de eterno, de um apelo à grandeza original, de uma volta ao ser-pessoa, modelo acabado da perfeição criada, que me permite ver na Gestalt-terapia um suave e forte apelo à transcendência.

O apelo constante de Zen e Gestalt-terapia a um contínuo crescimento, a um contínuo desenvolvimento da liberdade pessoal, da criatividade, este sentido de, ao mesmo tempo, poder e limites, presentes em ambas as posições, têm algo de contemplativo, de espiritual, que me lembra um verdadeiro sentido de extratemporalidade e de comunhão com um universo maior e mais amplo que as limitações do aqui e agora, na fugacidade dos momentos passando, podem sugerir.

POSFÁCIO

Tendo terminado e finalizando, agora, essa minha caminhada, posso avaliar o longo caminho percorrido por Frederick Perls para criar uma nova abordagem, uma teoria e um método de psicoterapia, a psicoterapia da Gestalt.

O ser humano é complexo e difícil de ser entendido. Imerso numa cultura rotineira, antiga, mas atuante, o homem, sem o perceber, vai com frequência se alimentando de valores que não lhe pertencem originalmente e vai se transformando para corresponder a expectativas que também quase nunca lhe pertencem, embora lhe garantam a sobrevivência.

Nesta troca vivenciada de valores, encontrei muitas vezes o cerne e a base de toda uma vivência desajustada.

A Gestalt-terapia é uma proposta humanístico-existencial de ver o homem em toda a sua plenitude, em pleno desenvolvimento de suas potencialidades. Ela tenta abranger o homem todo, vendo-o como uma configuração que faça sentido, sobretudo para ele próprio.

Foi nesse sentido que Perls procurou compreender o homem a partir de diversos ângulos, buscando na filosofia, em teorias científicas e na religião uma visão aberta e criativa de lidar psicoterapeuticamente com problemas humanos.

Tenho consciência, passados 30 anos, de que o caminho percorrido por mim, em minha tentativa de mostrar de modo crítico as raízes da Gestalt-terapia, foi longo e complexo. Sei, ainda, que existem outros caminhos paralelos e que este não é nem pode ser considerado o único.

Percorri teoricamente caminhos históricos, segui um roteiro cuja sequência, estou convencido, poderia, como hipótese de trabalho, ter sido outra, apesar de saber e acreditar que o caminho por mim percorrido, como método e como visão informativa e global, teve um olhar epistemológico, cujo horizonte me guiou sempre no sentido de procurar as melhores trilhas.

Na verdade, a Gestalt-terapia não é uma operação matemática que se fecha sobre si mesma sem possibilidade de mudança, ou seja, em Gestalt-terapia existem outras perguntas e, consequentemente, outras respostas. Eu quis dar uma delas, aquela que me pareceu mais coerente com todo um trabalho já existente e de livre curso na literatura estrangeira e na língua portuguesa.

Hoje, mais que ontem, sei que esse caminho seguido, que essa minha escolha não foi fácil, pois Perls fala, em diversos momentos de sua obra, que sua abordagem é fenomenológico-existencial. Cita livremente Husserl, Heidegger, Sartre e outros sem a preocupação, que eu chamaria didática, de colocações sequenciais e de recurso direto às fontes.

Meu objetivo não foi fechar algo que, por sua natureza, é e está aberto: a fundamentação teórica da Gestalt-terapia, e que o fundador também, por sua vez, não fechou.

Percorri didaticamente um caminho. Suas raízes e seus pressupostos formam uma configuração teórica que abre caminho para uma formulação gestáltica da Gestalt-terapia. Formam, formaram um todo, seja como teoria sem um antes e um depois, seja como a própria vivência de Perls, que se expressava por uma única via, isto é, seu ser inquieto e "buscador", seu pensamento globalizado.

Há 30 anos, tudo era muito novo: a Gestalt-terapia dava praticamente os primeiros passos no Brasil, e eu estava apenas começando a experienciar e a vivenciar uma nova teoria, depois de ter trabalhado como psicanalista, por alguns anos, na Universidade de Brasília. Hoje, olhando todo um caminho percorrido, espero ter dado uma contribuição importante para a compreensão e o desenvolvimento da Gestalt-terapia no Brasil.

A abordagem gestáltica e a Gestalt-terapia são necessariamente abertas.

É bom que seja assim, pois o caminho está aberto a outras reflexões, à formação de novas Gestalten.

REFERÊNCIAS BIBLIOGRÁFICAS E OUTRAS OBRAS IMPORTANTES

HUMANISMO

BÜHLER, Charlotte et al. *Psicologia existencial humanista*. Rio de Janeiro: Zahar, 1975.

HEIDEGGER, Martin. *Sobre o humanismo*. Rio de Janeiro: Tempo Brasileiro, 1967.

"HUMANISMO". In: *Verbo – Enciclopédia luso-brasileira de cultura*. Lisboa: Verbo, 1970, v. 10, p. 581-3.

MARITAIN, Jacques. *Humanismo integral. Uma nova visão da ordem cristã*. São Paulo: Dominus, 1962.

NOGARE, Pedro delle. *Humanismo e anti-humanismo em conflito*. São Paulo: Herder, 1973.

_____. *Humanismo e anti-humanismo (introdução à antropologia filosófica)*. Petrópolis: Vozes, 1982.

EXISTENCIALISMO

BEAUFRET, Jean. *Introdução às filosofias da existência*. São Paulo: Duas Cidades, 1976.

"EXISTENCIALISMO". In: *Verbo – Enciclopédia luso-brasileira de cultura*. Lisboa: Verbo, 1969, v. 8, p. 114.

JASPERS, Karl. *Filosofia da existência*. Rio de Janeiro: Imago, 1973.

KIERKEGAARD, Søren. *O conceito de angústia*. Lisboa: Presença, 1972.

_____. *O desespero humano*. Porto: Tavares Martins, 1979.

LEVINAS, E. "La signification et le sens". *Revue de Metaphysique et de Morale*, n. 2, 1964.

_____. "A priori et subjetivité". In: *En découvrant l'existence avec Husserls et Heidegger*. 2. ed. Paris: Vrin, 1967.

LUIJPEN, Wilhelmus. *Introdução à fenomenologia existencial*. São Paulo: EPU, 1973.

PENHA, João. *O que é existencialismo*. São Paulo: Brasiliense, 1982.

SARTRE, Jean-Paul. "O existencialismo é um humanismo". *Jean Paul Sartre*. São Paulo: Abril Cultural, 1973 (Coleção Os Pensadores", vol. XIV).

FENOMENOLOGIA

ARION, L. Kelkel; SCHÉRER, René. *Husserl*. São Paulo: Edições 70, 1982.

BERGER, G. *Le cogito dans la philosophie de Husserl*. Paris: Aubier, 1941.

BORNHEIM, Gerd A. *Introdução às filosofias: o pensamento filosófico em bases existenciais*. Porto Alegre: Globo, 1989.

DARTIGUES, André. *O que é fenomenologia*. Rio de Janeiro: Eldorado, 1973.

"FENOMENOLOGIA". In: *Verbo – Enciclopédia luso-brasileira de cultura*. Lisboa: Verbo, 1970, v. 8, p. 559-60.

JASPERS, Karl. *Filosofia da existência*. Rio de Janeiro: Imago, 1973.

MERLEAU-PONTY, Maurice. *Fenomenologia da percepção*. Rio de Janeiro: Freitas Bastos, 1971.

_____. *Ciências do homem e fenomenologia*. São Paulo: Saraiva, 1973.

_____. *A estrutura do comportamento*. Belo Horizonte: Interlivros, 1975.

RICOEUR, Paul. *Conflito das interpretações*. Rio de Janeiro: Imago, 1977.

OBRAS ESPECIAIS

BASTOS, Fernando. *Em torno de uma arte estética*. Brasília: MEC/Funarte, 1982.

BOCHENSKI, Joseph M. *A filosofia contemporânea ocidental*. São Paulo: Herder, 1962.

FADIMAN, James; FRAGER, Robert. "Frederick P. Perls e a Gestalt-Terapia". In: *Teorias da personalidade*. São Paulo: Harper & Row do Brasil, 1979.

GOLDSTEIN, Kurt. *The organism*. Nova York: American Book, 1939.

GREAVES, George B. "Gestalt therapy, tantric Buddhism and the way of Zen". In: *The growing edge of Gestalt therapy*. Nova York: The Citadel Press, 1977, p. 186-7.

HALL, C. S.; LINDZEY, G. *Teorias da personalidade*. São Paulo: Herder, 1971.

HUMPHREYS, Christmas. *O budismo e o caminho da vida*. São Paulo: Cultrix, 1976.

KOFFKA, Kurt, *Princípios de psicologia da Gestalt*. São Paulo: Cultrix, 1975.

KURT, Lewin. *Princípios de psicologia topológica*. São Paulo: Cultrix, 1973.

MARIAS, Julían. *Introdução à filosofia*. São Paulo: Duas Cidades, 1966.

MARX, Melvin Herman; HILLIX, William A.. "Psicologia da Gestalt. Variedades da Teoria de Campo". In: *Sistemas e teorias em psicologia*. São Paulo: Cultrix, 1978.

POWELL, Robert. *Zen e realidade*. São Paulo: Pensamento, 1977.

RAJNEESH, Bhagwan Shree. *Nem água nem lua*. São Paulo: Pensamento, 1975.

REICH, Wilhelm. *A função do orgasmo*. São Paulo: Brasiliense, 1976.

_____. *Análise do caráter*. São Paulo: Martins Fontes, 1972.

SILVA, George; HOMENKO, Rita. *Budismo: psicologia do autoconhecimento*. São Paulo: Pensamento, s/d.

SUZUKI, Daisetz Teitaro. *Introdução ao zen-budismo*. São Paulo: Pensamento, 1969.

GESTALT-TERAPIA

BENAVIDES, Mariano Diez. *Método transacional gestáltico*. México: Diária, 1977.

DONZELLI, Telma. *O gestaltismo. Ensaio sobre uma filosofia da forma*. Rio de Janeiro: Antares, 1980.

FAGAN, Joen; SHEPHERD, Irma Lee. *Gestalt-terapia. Teoria, técnicas e aplicações*. Rio de Janeiro: Zahar, 1975.

KÖHLER, Wolfgang. *Die physischen Gestalten in Ruhe und im stationären Zustand*. Braunschweig: Vieweg, 1920.

PERLS, Frederick Salomon. *Gestalt-terapia explicada*. São Paulo: Summus, 1976.

_____. *Escarafunchando Fritz dentro e fora da lata de lixo*. São Paulo: Summus, 1979.

_____. *Abordagem gestáltica e testemunha ocular da terapia*. Rio de Janeiro: Zahar, 1977.

PERLS, Frederick. S.; HEFFERLINE, Ralph F.; GOODMAN, Paul. *Teoria e prática della terapia della Gestalt. Vitalitá e accrescimento nella personalitá umana*. Roma: Astrolabio, 1971.

POLSTER, Miriam; POLSTER, Erving. *Gestalt-terapia integrada*. São Paulo: Summus, 2001.

STEVENS, Barry. *Não apresse o rio (ele corre sozinho)*. São Paulo: Summus, 1978.

STEVENS John O. *Tornar-se presente – Experimentos de crescimento em Gestalt-terapia*. São Paulo: Summus, 1977.

STEVENS, John O. (org.). *Isto é Gestalt*. São Paulo: Summus, 1977.

SCHIFFMAN, Muriel. *Gestalt-self theraphy and futher techniques for personal growth*. Berkeley: Winghow Press Books, 1980.

SMITH, Edward W. L. *The growing edge of Gestalt-therapy*. Nova York: The Citadel Press, 1977.

ZINKER, Joseph. *El proceso creativo en la terapia gestáltica*. Buenos Aires: Paidós, 1979.

NOVAS BUSCAS EM PSICOTERAPIA
VOLUMES PUBLICADOS

1. *Tornar-se presente* — *Experimentos de crescimento em Gestalt-terapia* — John O. Stevens.
2. *Gestalt-terapia explicada* — Frederick S. Perls.
3. *Isto é Gestalt* — John O. Stevens (org.).
4. *O corpo em terapia* — *a abordagem bioenergética* — Alexander Lowen.
5. *Consciência pelo movimento* — Moshe Feldenkrais.
6. *Não apresse o rio (Ele corre sozinho)* — Barry Stevens.
7. *Escarafunchando Fritz* — dentro e fora da lata de lixo — Frederick S. Perls.
8. *Caso Nora* — *consciência corporal como fator terapêutico* — Moshe Feldenkrais.
9. *Na noite passada eu sonhei...* — Medard Boss.
10. *Expansão e recolhimento* — *a essência do t'ai chi* — Al Chung-liang Huang.
11. *O corpo traído* — Alexander Lowen.
12. *Descobrindo crianças* — *a abordagem gestáltica com crianças e adolescentes* — Violet Oaklander.
13. *O labirinto humano* — *causas do bloqueio da energia sexual* — Elsworth F. Baker.
14. *O psicodrama* — *aplicações da técnica psicodramática* — Dalmiro M. Bustos e colaboradores.
15. *Bioenergética* — Alexander Lowen.
16. *Os sonhos e o desenvolvimento da personalidade* — Ernest Lawrence Rossi.
17. *Sapos em príncipes* — *programação neurolingüística* — Richard Bandler e John Grinder.
18. *As psicoterapias hoje* — *algumas abordagens* — Ieda Porchat (org.)
19. *O corpo em depressão* — *as bases biológicas da fé e da realidade* — Alexander Lowen.
20. *Fundamentos do psicodrama* — J. L. Moreno.
21. *Atravessando* — *passagens em psicoterapia* — Richard Bandler e John Grinder.
22. *Gestalt e grupos* — *uma perspectiva sistêmica* — Therese A. Tellegen.
23. *A formação profissional do psicoterapeuta* — Elenir Rosa Golin Cardoso.
24. *Gestalt-terapia: refazendo um caminho* — Jorge Ponciano Ribeiro.
25. *Jung* — Elie J. Humbert.
26. *Ser terapeuta* — *depoimentos* — Ieda Porchat e Paulo Barros (orgs.)
27. *Resignificando* — *programação neurolingüística e a transformação do significado* — Richard Bandler e John Grinder.

28. *Ida Rolf fala sobre Rolfing e a realidade física* — Rosemary Feitis (org.)
29. *Terapia familiar breve* — Steve de Shazer.
30. *Corpo virtual — reflexões sobre a clínica psicoterápica* — Carlos R. Briganti.
31. *Terapia familiar e de casal* — Vera L. Lamanno Calil.
32. *Usando sua mente — as coisas que você não sabe que não sabe* — Richard Bandler.
33. *Wilhelm Reich e a orgonomia* — Ola Raknes.
34. *Tocar — o significado humano da pele* — Ashley Montagu.
35. *Vida e movimento* — Moshe Feldenkrais.
36. *O corpo revela — um guia para a leitura corporal* — Ron Kurtz e Hector Prestera.
37. *Corpo sofrido e mal-amado — as experiências da mulher com o próprio corpo* — Lucy Penna.
38. *Sol da Terra — o uso do barro em psicoterapia* — Álvaro de Pinheiro Gouvêa.
39. *O corpo onírico — o papel do corpo no revelar do si-mesmo* — Arnold Mindell.
40. *A terapia mais breve possível — avanços em práticas psicanalíticas* — Sophia Rozzanna Caracushansky.
41. *Trabalhando com o corpo onírico* — Arnold Mindell.
42. *Terapia de vida passada* — Livio Tulio Pincherle (org.).
43. *O caminho do rio — a ciência do processo do corpo onírico* — Arnold Mindell.
44. *Terapia não-convencional — as técnicas psiquiátricas de Milton H. Erickson* — Jay Haley.
45. *O fio das palavras — um estudo de psicoterapia existencial* — Luiz A.G. Cancello.
46. *O corpo onírico nos relacionamentos* — Arnold Mindell.
47. *Padrões de distresse — agressões emocionais e forma humana* — Stanley Keleman.
48. *Imagens do self — o processo terapêutico na caixa-de-areia* — Estelle L. Weinrib.
49. *Um e um são três — o casal se auto-revela* — Philippe Caillé
50. *Narciso, a bruxa, o terapeuta elefante e outras histórias psi* — Paulo Barros
51. *O dilema da psicologia — o olhar de um psicólogo sobre sua complicada profissão* — Lawrence LeShan
52. *Trabalho corporal intuitivo — uma abordagem Reichiana* — Loil Neidhoefer
53. *Cem anos de psicoterapia... — e o mundo está cada vez pior* — James Hillman e Michael Ventura.
54. *Saúde e plenitude: um caminho para o ser* — Roberto Crema.
55. *Arteterapia para famílias — abordagens integrativas* — Shirley Riley e Cathy A. Malchiodi.
56. *Luto — estudos sobre a perda na vida adulta* — Colin Murray Parkes.
57. *O despertar do tigre — curando o trauma* — Peter A. Levine com Ann Frederick.
58. *Dor — um estudo multidisciplinar* — Maria Margarida M. J. de Carvalho (org.).
59. *Terapia familiar em transformação* — Mony Elkaïm (org.).
60. *Luto materno e psicoterapia breve* — Neli Klix Freitas.
61. *A busca da elegância em psicoterapia — uma abordagem gestáltica com casais, famílias e sistemas íntimos* — Joseph C. Zinker.
62. *Percursos em arteterapia — arteterapia gestáltica, arte em psicoterapia, supervisão em arteterapia* — Selma Ciornai (org.).
63. *Percursos em arteterapia — ateliê terapêutico, arteterapia no trabalho comunitário, trabalho plástico e linguagem expressiva, arteterapia e história da arte* — Selma Ciornai (org.).
64. *Percursos em arteterapia — arteterapia e educação, arteterapia e saúde* — Selma Ciornai (org.).

leia também

CONCEITO DE MUNDO E DE PESSOA EM GESTALT-TERAPIA
Revisitando o caminho
Jorge Ponciano Ribeiro

Há 25 anos, Jorge Ponciano Ribeiro lançou um livro fundamental para a comunidade gestáltica brasileira: Gestalt-terapia, refazendo um caminho. Nesta nova obra, ele analisa as conquistas e mudanças das últimas décadas, refletindo sobre as novas configurações da Gestalt. Para tanto, analisa questões epistemológicas, filosóficas e teóricas, brindando estudantes e profissionais de psicologia com pensamentos profundos e renovadores.
REF. 10718   ISBN 978-85-323-0718-7

GESTALT-TERAPIA
O processo grupal
Jorge Ponciano Ribeiro

A teoria da Gestalt vem enriquecendo-se com novos conceitos e ampliando seu campo de aplicação. Em estilo simples e conciso, o autor percorre temas-chave, aplica esta teoria ao trabalho com grupos e analisa sua especificidade, sua resistência e seu processo de cura. O grupo é a figura central desta obra, mas é a pessoa, como fundo do processo, o grande artífice dessa matriz.
REF. 10446   ISBN 85-323-0446-X

HOLISMO, ECOLOGIA E ESPIRITUALIDADE
Caminhos de uma Gestalt plena
Jorge Ponciano Ribeiro

Este livro debate algumas demandas fundamentais do mundo moderno e fornece embasamento aos psicólogos para lidar com as disfunções psicológicas que permeiam os consultórios por falta de sensibilidade, engajamento ou conhecimento. Segundo o autor, com o aprofundamento dos temas holismo, ecologia e espiritualidade será possível encontrar soluções para as necessidades atuais do planeta.
REF. 10534   ISBN 978-85-323-0534-3

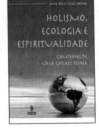